Silvia Schroer (Hg.)

Sensenfrau und Klagemann

T V Z

Silvia Schroer (Hg.)

Sensenfrau und Klagemann

Sterben und Tod mit Gendervorzeichen

T V Z

Theologischer Verlag Zürich

Bibliografische Informationen der Deutschen Nationalbibliothek
Die Deutsche Nationalbibliothek verzeichnet diese Publikation in der
Deutschen Nationalbibliografie; detaillierte bibliografische Daten sind
im Internet über http://dnb. d-nb. de abrufbar.

Umschlaggestaltung
Simone Ackermann, Zürich

Druck
Rosch Buch GmbH, Scheßlitz

ISBN 978-3-290-17749-2
© 2014 Theologischer Verlag Zürich
www.tvz-verlag.ch

Inhalt

Vorwort

«Sensenfrau und Klagemann. Sterben und Tod mit Gendervorzeichen» ist die erweiterte Dokumentation einer Tagung an der Universität Bern am 3. Mai 2013, mit der die vier Professorinnen der Theologischen Fakultät, Angela Berlis, Magdalene L. Frettlöh, Isabelle Noth und Silvia Schroer, ihr interdisziplinäres Projekt «Tod und Gender» öffentlich vorstellten. Mit grundsätzlichen Überlegungen wie in exemplarischen Konkretionen bezeugen die sechs Tagungsbeiträge die universitäre, gesellschaftliche und kirchliche Notwendigkeit und Dringlichkeit einer gendersensiblen Reflexion auf Sterben und Tod in der Theologie und über sie hinaus. Ein Überblick informiert im Anschluss über den jeweiligen (sehr unterschiedlichen) Forschungsstand einer geschlechterdifferenzierten Wahrnehmung von Tod und Sterben in den Disziplinen Altes Testament, Kirchengeschichte, Dogmatik sowie Seelsorge und Religionspädagogik. Der Titel «Sensenfrau und Klagemann» spielt mit traditionellen Gendervorzeichen sowohl auf der Ebene der Todesmetaphorik als auch auf der Ebene menschlicher Rollenzuweisungen, indem er sie in den Wortbildungen sinnig vertauscht und so Herkömmliches auf den Kopf stellt.

Im Werk kaum einer anderen Künstlerin ist das Thema «Sterben und Tod» so präsent wie in den Zeichnungen und Plastiken von Käthe Kollwitz, wobei sich gerade unter dem Einfluss eigener Erfahrungen ihre Haltung zu Krieg, Gewalt und Opfer ebenso wie die Darstellung des Todes verändert haben.[1] Kollwitz nimmt dabei besonders eindringlich das Sterben von Frauen und Kindern wahr. Vorrangig setzt sie das Leiden und den Schmerz von Frauen ins Bild, protokolliert, wie gerade Mütter die Gefährdung des Lebens durch den Tod erkennen und dieser Bedrohung entgegenzutreten suchen oder ihr erliegen. Widerstand gegen *und* Ergebung in den Tod in den unterschiedlichsten Facetten prägen das Todesverhältnis von Kollwitz' Zeichnungen. Mal ist die Todesfigur selbst Subjekt, mal sind es die Frauen in ihrer Haltung zum Tod.

Die Kohlezeichnung «Der Tod greift nach einer Frau»[2] aus dem Jahr 1921/22 haben wir als Titelbild dieser Dokumentation ausgewählt, weil sie dem gram-

---

1 Siehe etwa Gisela Schirmer, Geschichte in der Verantwortung der Mütter. Von der Opferideologie zum Pazifismus, in: Jutta Hülsewig-Johnen, Käthe Kollwitz. Das Bild der Frau, Bielefeld 1999, 111–121.
2 A. a. O., 132 (Original im Museum für Kunst und Kulturgeschichte der Hansestadt Lübeck).

matisch männlichen Geschlecht des Todes zum Trotz eine geschlechtsunspezifi-
sche Todesfigur und einen Griff der Todesgestalt nach der Frau darstellt, der
offen ist für vielfältige Deutungen. Jedenfalls zeigt er weder die Eindeutigkeit
des Schreckens wie etwa in «Tod packt eine Frau»,[3] Blatt 4 der Folge Tod aus
dem Jahr 1934, oder in «Der Tod greift in eine Kinderschar»[4] noch einen trösten-
den (weiblichen?) Tod, dem frau sich getrost anvertrauen kann, wie in «Der Tod
tröstet»[5] um 1921–23 oder in «Frau vertraut sich dem Tod an»[6] von 1934.

Unser Dank gilt der Theologischen Fakultät Bern und den Reformierten Kirchen
Bern-Jura-Solothurn für namhafte Druckkostenzuschüsse und Myriam Röthlis-
berger (Bern) für ihre tatkräftige und geduldige Unterstützung bei allen Korrek-
turvorgängen und der Fertigstellung des Manuskripts.

Marianne Stauffacher, die am 22. September 2013, in den Tagen unseres
Vertragsabschlusses, ganz unerwartet verstorben ist, hat die Dokumentation
unserer Eröffnungstagung ins Frühjahrsprogramm 2014 des Theologischen Ver-
lags Zürich aufgenommen. Den Mitarbeitenden des TVZ danken wir für die
zuverlässige und angenehme Zusammenarbeit, der Verstorbenen bewahren wir
mit dem nun vorliegenden Büchlein ein dankbares Andenken.

Mit dieser Publikation verbinden wir auch die Absicht, andere ForscherIn-
nen auf unser Projekt aufmerksam zu machen. Gern lassen wir uns auf einschlä-
gige Publikationen und entsprechende (nicht nur!) theologische Forschungsvor-
haben aufmerksam machen und laden herzlich zur Kooperation ein. Überhaupt
freuen wir uns auf konstruktive Hinweise und über anregende Lesefrüchte. Das
interdisziplinäre Forschungsprojekt, das vom Schweizerischen Nationalfonds
gefördert wird, ist nicht nur mit wissenschaftlichen Qualifikationsarbeiten verbunden, sondern soll auch über eine internationale Tagung in ein theologisches
Kompendium zu «Tod und Gender» einmünden.

Bern, im Oktober 2013
Angela Berlis, Magdalene L. Frettlöh, Isabelle Noth, Silvia Schroer

---

3   A. a. O., 133 (Original in der Kunsthalle Bielefeld).
4   Hans Kollwitz (Hg.), Käthe Kollwitz: «Ich will wirken in dieser Zeit». Auswahl aus den
Tagebüchern und Briefen, aus Graphik, Zeichnungen und Plastik, Berlin ⁵1981, Abb. 35.
5   Jutta Hülsewig-Johnen, Käthe Kollwitz, 126 (Original im Kunstmuseum Bern).
6   Kreissparkasse Köln (Hg.), Käthe-Kollwitz-Sammlung der Kreissparkasse Köln. Katalog
der Handzeichnungen, Köln 1985, 182f. (Abb. 99).

Einführung in das Thema

Magdalene L. Frettlöh

«… hier hebt an die enge Pforte, der schmale Steig zum Leben, des muß sich ein jeglicher fröhlich erwägen, denn er ist wohl sehr enge, er ist aber nit lang und es geht hier zu, gleichwie ein Kind aus der kleinen Wohnung seiner Mutter Leib mit Gefahr und Ängsten geboren wird in diesen weiten Himmel und Erden, das ist auf diese Welt. Also geht der Mensch durch die enge Pforte des Tods aus diesem Leben; und wiewohl der Himmel und die Welt, darin wir jetzt leben, groß und weit angesehen wird, so ist es doch alles gegen den zukünftigen Himmel viel enger und kleiner, denn der Mutter Leib gegen diesen Himmel ist. Darum heißt der lieben Heiligen Sterben ein neu Geburt und ihr Fest nennet man auf lateinisch *Natale*, einen Tag ihrer Geburt.»[1]

Diese genderperspektivierte Rede von Sterben und Tod begegnet am Eingang von Martin Luthers «Sermon von der Bereitung zum Sterben» aus dem Jahr 1519. In diesem Sermon aus der Frühzeit der Reformation ist es Luther darum zu tun, dass wir uns im Sterben auf Gegenbilder besinnen: auf Bilder des Lebens gegen den Tod, auf Bilder der Gnade gegen die Sünde, auf Bilder des Himmels gegen die Hölle, um uns von diesen Bildern entängstigen, aus der Enge der Angst befreien, trösten zu lassen, auf dass wir aufatmen, getrost und gelassen sterben können.[2] Und das Trostbild schlechthin, mit dem er seinen Seelsorge-Traktat eröffnet, ist *der Geburtsvorgang als Metapher des Sterbens*. Der enge Geburtskanal des Mutterschosses wird ihm zum genderspezifisch lebensweltlichen Bild für die enge Pforte des Todes, an deren Ende ein weiter Raum auf die Neugeborenen wartet. Übrigens nicht nur hier erweist sich Martin Luther als gendersensibler Bibeltheologe.[3]

---

1 Martin Luther, Ein Sermon von der Bereitung zum Sterben, in: ders., Aus der Frühzeit der Reformation (Martin Luther, Ausgewählte Werke. Erster Band, hg. von Hans Heinrich Borcherdt und Georg Merz), München ²1938, 347–362, 533–544, 547f. (Zitat).
2 Zur segenstheologischen Auslegung dieses Traktats siehe Magdalene L. Frettlöh, «Das Zeitliche segnen». Die Bedeutung des Seg(n)ens als *rite de passage* angesichts des Todes, in: Andrea Braunberger-Myers / Kurt W. Schmidt (Hg.), Ars moriendi – die Kunst des (gesegneten) Sterbens (Arnoldshainer Texte 128), Frankfurt a. M. 2004, 41–65.
3 Für weitere Belege: Magdalene L. Frettlöh, Gott Gewicht geben. Bausteine einer geschlechtergerechten Gotteslehre, Neukirchen-Vluyn ²2009, 274–281.

Aus der Enge in die Weite führt auch die Metapher, mit der Susan Sontag[4] sich im eigenen qualvollen Sterben ermutigt: «Im Tal des Jammers breite deine Flügel aus.»[5]

Gerade weil der Tod in einer unerlösten Welt zur Signatur allen geschöpflichen Lebens gehört, entstehen je eigene Todesbilder, die mit dem gelebten Leben – sei es in Entsprechung, Steigerung oder Kontrast – korrespondieren. In seinem «Tagebuch einer Krebserkrankung» bekennt Christoph Schlingensief: «Zurzeit habe ich am meisten Angst davor, nicht im eigenen Bild sterben zu dürfen, irgendwelchen Fremdbildern ausgeliefert zu werden.»[6] Und: «[Ich] bastele weiter an meinem Bild des Sterbens, weil ich es wichtig finde, dass man [...] in ein Bild einsteigen kann, das man schon früher gebaut hat, das Bild eben, in dem man diese letzten Gedanken denken möchte.»[7] Und er malt sich gleich mehrere, durchaus auch widersprüchliche Bilder für Sterben und Tod aus, von denen ich hier nur zwei nenne: «Die meisten Leute wollen nach Hause, ich will eben weggehen. Und zwar möglichst an einen Ort in Afrika. Und ich erhoffe mir, mich dort als Person in ihrer ganzen Absurdität irgendwie zusammenführen zu können. Als Bild stelle ich mir eine Art Auffanggefäß vor. Eine Arche [...]. [...] der Gedanke, sich am Ende irgendwie zu sammeln, zusammenzusammeln, bedeutet etwas sehr Schönes.»[8] Und: «Wenn ich mir meinen Tod als Bild vorstelle, sehe ich mich eigentlich immer auf der Bühne, während ich den eigenen Tod als Stück inszeniere: Einer sitzt in seinem Stuhl, die Sterne sind zum Greifen nah, es zirpt, es ist heiß, und er stirbt. Das ist alles, kein religiöses Brimborium [...]. Das ist im Moment für mich das schönste Bild überhaupt.»[9] Es wäre spannend, Schlingensiefs Sterbe- und Todesmetaphern in ihren Genderaspekten zu interpretieren.

Denn der Tod hat ein Geschlecht – nicht nur grammatisch, auch metaphorisch und symbolisch. Es ist nicht gleichgültig, ob der Tod als Gevatter Tod oder als neue Geburt, als Sensenmann oder als Tödin, als Meister aus Deutschland oder als schöner antiker Jüngling mit erloschener Fackel, als Schlafes Bruder oder als

---

4   Die Wahrnehmung von Leiden, Sterben und Tod gehörte zu den Kernthemen der politischen Intellektuellen Susan Sontag; siehe etwa Krankheit als Metapher & Aids und seine Metaphern, München / Wien ³2003; Das Leiden anderer betrachten, Frankfurt a. M. ³2010; und ihren Roman Todesstation, Frankfurt a. M. ²2003.

5   Zitiert nach: David Rieff, Tod einer Untröstlichen. Die letzten Tage der Susan Sontag. Aus dem Englischen von Reinhard Kaiser, Frankfurt a. M. 2011, 159.

6   Christoph Schlingensief, So schön wie hier kanns im Himmel gar nicht sein. Tagebuch einer Krebserkrankung, München ⁴2009, 73.

7   A. a. O., 113.

8   A. a. O., 63.

9   A. a. O., 73.

Schwester Tod ins Bild gesetzt wird. Und der Umgang mit Sterben und Tod trägt ein Gendervorzeichen:

- im Erleben und Erleiden eigenen und fremden Sterbens,
- im Wahrnehmen der Endlichkeit menschlichen Lebens,
- in der seelsorglichen Begleitung Sterbender,
- in der Erinnerungskultur von Nachrufen und Nekrologen auf gelebtes und zu Ende gegangenes Frauen-, Männer- und Kinderleben,
- in Abschiedsbriefen und -botschaften,
- in Totenkult, Begräbnis- und Friedhofskultur,
- in der Klage über und dem Protest gegen den unzeitigen, gewaltsamen Tod,
- in der Achtsamkeit auf alles, was Leben gefährdet,
- in persönlicher und öffentlicher Trauer, die den Verschiedenen gerecht zu werden versucht,
- in den Todesarten und Todesorten der Selbsttötung,
- in der *ars moriendi*, die doch recht verstanden eine Lebenskunst ist,
- in der Entscheidung über Sterbehilfen,
- in der Knüpfung von Liebe und Tod oder von Geburt und Tod,
- in der Schuld als einer Grundhaltung der Weiter- oder Überlebenden,
- in der medialen Inszenierung des Tötens und Sterbens, sei es in der Berichterstattung von Kriegen und Katastrophen, sei es in der darstellenden Kunst, in Musik oder Literatur,
- und nicht zuletzt: in den Bildern einer Hoffnung, die über den Tod hinausgeht.

Dabei mögen die genderspezifischen Differenzierungen so plakativ sein, dass sie sofort ins Auge stechen, oder sie erschliessen sich allererst bei genauem Hinsehen, wenn kulturelle und religiöse Kodierungen, private und öffentliche Konventionen und Ritualisierungen von Sterben und Tod entsprechend internalisiert oder sublim sind.

Sterben und Tod, die Befristung geschöpflichen Lebens und die Sehnsucht, dass der Tod nicht das letzte Wort haben möge, sind Grundthemen christlicher Theologie. Gleichwohl hat die Wahrnehmung des Gendervorzeichens, das diese Themen tragen, in der theologischen Wissenschaft erst in den letzten Jahrzehnten begonnen – mit gegenwärtig sehr unterschiedlichem Entwicklungsstand der Forschung in den einzelnen theologischen Disziplinen.

   Eben dieser Befund war und ist Anlass für das gemeinsame Forschungsprojekt «Tod und Gender» der vier Professorinnen der Theologischen Fakultät Bern.

Gemeinsam mit Andreas Kesslers religionspädagogischem und Cristina Betz'
systematisch-theologischem Beitrag präsentieren Angela Berlis, Magdalene L.
Frettlöh, Isabelle Noth und Silvia Schroer Überblicke und Momentaufnahmen,
Summarisches und Exemplarisches, Grundlegendes und Experimentelles, Fach-
spezifisches und Interdisziplinäres und vermitteln so einen ersten Einblick in die
vielgestaltigen Facetten des Themas, in seine historischen Motive wie in seine
gegenwärtige Relevanz.

Noch nicht «aller Tage Abend» – oder: Leben aus der Hoffnung auf aller Tage Morgen?[1]

Magdalene L. Frettlöh

«Das Vergangene ist nicht tot;
es ist nicht einmal vergangen.»
Christa Wolf[2]

«Ich hoffe immer noch, daß Gestern besser wird.»
Charlie Brown[3]

1. Prolog in Berlin: «Aller Tage Abend»?

«Aller Tage Abend»[4] – so lautet der Titel des im letzten Jahr erschienenen jüngsten Romans der 1967 in Ostberlin geborenen Schriftstellerin und Theaterregisseurin Jenny Erpenbeck, für den sie am 15. Mai in Leipzig mit dem Evangelischen Buchpreis 2013[5] ausgezeichnet wurde. «Aller Tage Abend» – das meint den Tod, das Aus, Endgültigkeit, buchstäbliches Zappenduster. Zugleich aber können wir diesen Titel nicht hören, ohne jene Redewendung mitzuhören, der er

---

1   Leicht erweiterte, mit den Angaben zur Verleihung des Evangelischen Buchpreises 2013 an Jenny Erpenbeck aktualisierte und um die Fussnoten ergänzte Fassung. Der Vortragsstil wurde für die Publikation beibehalten.
2   Mit diesem Satz beginnt Christa Wolfs Roman «Kindheitsmuster», Darmstadt / Neuwied 1977, 9. Geliehen hat sie sich ihn, darauf hat mich Jürgen Ebach aufmerksam gemacht, von William Faulkner: «The past is never dead. It's not even past» (Requiem for a Nun, New York 1950, act 1, scene 3).
3   Zitiert nach: Jörn Rüsen, Kann gestern besser werden? Essays zum Bedenken von Geschichte (Kulturwissenschaftliche Interventionen 2), Berlin 2003, 21.
4   Jenny Erpenbeck, Aller Tage Abend. Roman, München ²2012 (die Seitenzahlen im Text beziehen sich auf dieses Buch).
5   Zur Begründung der Jury siehe www.evangelischerbuchpreis.de/preistraeger/2013.html (aufgerufen am 18.05.2013). Überreicht wurde der Buchpreis durch den Bischof der Evang.-luth. Kirche in Oldenburg, Jan Janssen (seine Ansprache ist nachzulesen unter: www.evangelischerbuchpreis.de/fileadmin/redakteur/Buchpreis/Presse/Rede_130515_Buchpreis-final.pdf, aufgerufen am 18.05.2013); die Laudatio hielt Verena Auffermann (s. u. Anm. 20).

sich verdankt: «Es ist noch nicht aller Tage Abend.»[6] Also: «Noch leben wir.» «Noch ist nicht alles aus.»

Eben diese Spannung zwischen dem Titel «Aller Tage Abend» und dem Diktum «Es ist noch nicht aller Tage Abend» eröffnet den Raum für die fünf Bücher von Jenny Erpenbecks Roman, in denen sie fünf weibliche Leben und Tode erzählt, die doch nur die Geschichte eines einzigen Lebens ergeben. Jenny Erpenbeck erzählt das Leben einer Frau, die 1902 im fernen galizischen Schtetl Brody als namenlose Tochter einer jüdischen Mutter und eines Goi, eines österreichischen Bahnbeamten, geboren wird, und mit diesem Leben erzählt sie die Geschichte eines ganzen Jahrhunderts und vor allem seiner totalitären Regime.

In jedem der fünf Bücher endet das Leben der Hauptfigur: im ersten Buch stirbt sie als achtmonatiger Säugling einen plötzlichen Kindstod in ihrem galizischen Elternhaus; im zweiten Buch findet sie 18-jährig unglücklich verliebt und lebensmüde den Tod im verelendeten Nachkriegs-Wien; als 37-Jährige begegnen wir der inzwischen mit einem Deutschen verheirateten Kommunistin im dritten Buch in Moskau wieder. Sie überlebt die stalinistischen Schauprozesse nicht und endet in einem Straflager in Sibirien. Im vierten Buch stirbt sie 1962, knapp 60-jährig, in Ostberlin als hochdekorierte Genossin H., als gefeierte Schriftstellerin. Sie ist gestrauchelt und eine Treppe hinuntergestürzt. Und schliesslich endet ihr Leben im fünften Buch, nachdem sie als greise Frau Hoffmann die Wende noch miterlebt hat, einen Tag nach ihrem 90. Geburtstag und nach einem Leben, reich an Ereignissen und Brüchen, in einem Berliner Pflegeheim. Erst hier hat sie einen Namen und dann ausgerechnet diesen: Hoffmann (was sich berlinerisch ja vielleicht auch als Imperativ lesen liesse: «hoff' man!»).

Jenny Erpenbeck bedient sich eines literarischen Kunstgriffs, indem sie zwischen ihre fünf Bücher jeweils ein Intermezzo einschiebt (71–76, 135–138, 197–207, 241–245). In diesen vier Intermezzi spielt sie – im Konjunktiv mit unzähligen «wäre», «hätte» und «könnte» – für ihre Protagonistin die Möglichkeit durch, was gewesen wäre, wenn … «Ein kleines Detail in ihrem Lebens- und Todesablauf wird jeweils um ein Winziges verschoben – und schon verwandelt sich das Ableben in ein Überleben», beobachtet Sigrid Löffler im *kulturradio* aufmerksam.[7]

---

6   Ob sie auf den Ausruf des römischen Geschichtsschreibers Titus Livius «Nondum omnium dierum solem occidens» zurückgeht, ist fraglich. Wiederholt begegnet die Redewendung bei Martin Luther (siehe Lutz Röhrich, Lexikon der sprichwörtlichen Redensarten. Bd. 1, Freiburg i. Br. u. a. [5]1994, 55, der darauf aufmerksam macht, dass sie alltagssprachlich nicht nur als Trost, sondern auch als Drohung verwendet wird – verwandt mit der Redensart «Man soll den Tag nicht vor dem Abend loben.»).

7   Zitiert nach: www.kulturradio.de/rezensionen/buch/2012/jenny_erpenbeck_aller.html (aufgerufen am 01.11.2012).

Hätte aber zum Beispiel die Mutter oder der Vater in der Nacht das Fenster aufgerissen, hätte eine Handvoll Schnee vom Fensterbrett gerafft und dem Kind unters Hemd gesteckt, dann hätte das Kind vielleicht plötzlich wieder angefangen zu atmen, vielleicht auch zu schreien, jedenfalls hätte sein Herz wieder angefangen zu schlagen [...]. (71)

Oder: Hätte sie die einzige Stelle in Wien und den einzigen Zeitpunkt an diesem Abend, an dem sich ihre Lebensmüdigkeit in einen Tod verwandeln konnte, verfehlt, wäre ihr jetzt [...] klar geworden, dass sie im Grunde mit nichts als mit dem Schreiben Geld verdienen wollte [...]. (137f.)

In den Intermezzi ihres «virtuose[n], mehrstimmige[n] Oratorium[s]»[8] geht Erpenbeck hinter den eingetretenen Tod zurück und lässt ihn als nur eine von vielen Möglichkeiten für ihre Protagonistin erscheinen. Hätte sich eine andere realisiert, wäre sie noch am Leben. Im nächsten Buch ist dann jeweils – durch eine beiläufige Wendung der Geschichte – aus einer dieser anderen Möglichkeiten Realität geworden und das Leben geht weiter. Dabei erscheint es ganz und gar zufällig, ob das eine oder das andere eintritt: «Eine ganze Welt aus Gründen gab es, warum ihr Leben nun an ein Ende gekommen sein könnte, wie es gleichzeitig eine ganze Welt aus Gründen gab, warum sie jetzt noch am Leben sein könnte und sollte» (137).

Es sind aber – jenseits der Herrschaft des Zufalls – auch andere Lesarten der Intermezzi möglich. Eine spricht sich in dem Satz der jüdischen Grossmutter aus: «Am Ende eines Tages, an dem gestorben wurde, ist längst noch nicht aller Tage Abend» (23). Das kann schlicht heissen: Für die Zurückbleibenden ist dann längst noch nicht aller Tage Abend. Auch das versteht sich ja, wie eben bei der Grossmutter nach der brutalen Ermordung ihres Mannes im Ghetto, keineswegs von selbst. Jenny Erpenbeck aber nimmt diesen Satz so auf, dass sie als Schriftstellerin, die ihre literarischen Gestalten zu neuem Leben erwecken kann, auch für die Gestorbene selbst vier Mal noch nicht aller Tage Abend sein lässt.

Doch damit nicht genug. Es geht in den Intermezzi nicht nur um das literarische Spiel mit den nicht verwirklichten Lebensmöglichkeiten, aus denen man wie aus einer Lostrommel zufällig auch ein anderes Los als den Tod hätte ziehen können. Die vier Intermezzi lassen sich auch als mit fiktiven Mitteln gestalteter Protest einer Schriftstellerin gegen das allzu früh abgebrochene, das zu kurz gekommene, das ungelebte Leben und damit als Widerstand gegen den unzeitigen Tod lesen. Erst als ihre Hauptfigur 90-jährig dement und pflegebedürftig stirbt, erweckt sie sie nicht erneut zum Leben. Erst dann ist für sie «aller Tage Abend».

---

8   Gabriela Jaskulla, Aller Tage Abend, zitiert nach: www.ndr.de/kultur/literatur/hoerbuch-tipp/erpenbeck101.html (aufgerufen am 01.11.2012).

Für diesen Protest- und Widerstandscharakter der Intermezzi gegen den unzeitigen Tod sprechen bereits die ersten Sätze des Romans:

> Der Herr hat's gegeben, der Herr hat's genommen, hatte die Großmutter am Rande der Grube zu ihr gesagt. Aber das stimmte nicht, denn der Herr hatte viel mehr genommen, als da war – auch alles, was aus dem Kind hätte werden können, lag jetzt da unten und sollte unter die Erde. Drei Handvoll Erde, und das kleine Mädchen, das mit dem Schulranzen auf dem Rücken aus dem Haus läuft, lag unter der Erde […]; drei Handvoll Erde, und die Zehnjährige, die mit blassen Fingern Klavier spielt, lag da; drei Handvoll Erde, und die Halbwüchsige, der die Männer nachschauen, weil ihr Haar so kupferrot leuchtet, wurde verschüttet […]. Über einem Säugling, der plötzlich gestorben ist, wölbt sich der Hügel fast gar nicht. Eigentlich aber müsste der Hügel so riesig sein wie die Alpen. (11f.)

«Der Herr hat's gegeben, der Herr hat's genommen» – wiederholt wird die Grossmutter diesen Satz aus dem Munde Hiobs (1,21) zitieren (11, 17, 18). Erpenbecks Intermezzi protestieren im Namen des ungelebten Lebens, im Namen aller mit einem unzeitigen Tod zunichte gemachten Lebensmöglichkeiten dagegen, dass dieser Hiobsatz einseitig einer Ergebung in den Tod das Wort redet und nicht auch Widerstand und Klage lautwerden lässt, wenn der Tod allzu früh oder gewaltsam ein Leben abbricht.

Nicht zufällig, so scheint mir, steht das fragmentarische Zitat aus Hiob 1,21 am Beginn des Romans von Jenny Erpenbeck. Es rückt die Berliner Schriftstellerin an die Seite von Frau Hiob, deren einziges Wort im Hiobbuch, nämlich 2,9, mit dem Hiobwort von 1,21 korrespondiert. Jenny Erpenbeck: eine heutige Schwester von Frau Hiob – vorausgesetzt, wir befreien diese aus der Perhorreszierung, die ihr in weiten Bereichen der Rezeptionsgeschichte des Hiobbuches widerfuhr,[9] und nehmen sie als Protestfrau gegen den Tod bzw. für eine widerständige *ars moriendi* in den Blick. Eben darum soll es nun im nächsten Abschnitt gehen.

---

9   Vgl. dazu mit Bildmaterial: Magdalene L. Frettlöh, Eine Klage, einen Namen, einen Segen für Hiobs Frau, in: Klara Butting / Gerard Minnaard (Hg.), Hiob (Die Bibel erzählt), Wittingen 2003, 65–79; dies., «Segne / Fluche Gott und stirb!» Frau Hiob zwischen Gott und Mann, erscheint in: dies., «Mutuum colloquium […]». Gehörige Wechsel- und Widerworte Gottes und der Menschen (Erev-Rav-Hefte: Biblische Erkundungen 16), Uelzen 2014.

2.   Gott segnen und / oder Gott fluchen im Angesicht des Todes?
Beobachtungen und Reflexionen im Anschluss an Hiob 2,9 und 1,21

Im Hiobbuch der hebräischen Bibel ist von Hiobs Frau nur an drei Stellen die Rede (2,9f.; 19,17a; 31,10). Selbst zu Wort kommt sie ein einziges Mal, mit zwei kurzen Sätzen, in Hiob 2,9: «Hältst du noch fest an deiner Frömmigkeit? Ja, sage Gott ab und stirb!» (revidierte Lutherbibel von 1912). Im hebräischen Text findet sich, wo Luther mit «absagen» verdeutscht, das Verb *brk* (pi.), das in seiner Grundbedeutung «segnen» heisst. Wenn Martin Buber verdeutscht: «Segne Gott ab und stirb!», dann versucht er damit, dem Wortlaut möglichst nahe zu kommen.

In der «Bibel in gerechter Sprache» fehlt ebendieser eindeutig negative Klang unseres umgangssprachlichen Absegnens: «Auch jetzt noch hältst du fest an deiner Frömmigkeit. Gib Gott den Abschiedssegen und stirb!» hat hier Jürgen Ebach verdeutscht. «Den Abschiedssegen geben» – diese Wendung ist ebenso mehrdeutig wie das hebräische Verb selbst: Abschiednehmen kann ein Mensch im Guten wie im Bösen. Es kann im Fall Hiobs ein endgültiges Sich-Lossagen von Gott meinen, aber ebenso gut auch ein «A-dieu», ein zu Gott gesagtes «Zu Gott hin»,[10] auf dass dieser Gott, der ihm so Schreckliches angetan hat, zu sich kommen möge! Gehen wir der Mehrdeutigkeit der Worte von Frau Hiob auf den Grund.

2.1   «Fluche Gott und stirb!» – ein teuflisches Wort und Aufforderung zur Selbsttötung?

In den Übersetzungen wie Auslegungen von Hiob 2,9 herrscht bis heute ein breiter Konsens darüber, dass vom Segnen an dieser Stelle wie auch in 1,5.11; 2,5 im Sinne von Fluchen die Rede sei, dass also ein euphemistischer Sprachgebrauch

---

10   Im Anschluss an Emmanuel Lévinas geht Jacques Derrida, Den Tod geben, in: Anselm Haverkamp (Hg.), Gewalt und Gerechtigkeit: Derrida – Benjamin, Frankfurt a. M. 1994, 351–445, 375 von einer dreifachen Bedeutung eines emphatisch verstandenen ‹Adieu› aus: «1. Der Gruß oder der erteilte Segen (vor jeder konstativen Sprache kann ‹adieu› genauso auch ‹guten Tag›, ‹ich sehe, dass du da bist›, ‹ich spreche zu dir, bevor ich überhaupt irgendetwas anderes zu dir sage› bedeuten – und im Französischen geschieht es mancherorts, daß man sich im Augenblick der Begegnung *adieu* sagt und nicht in dem der Trennung); 2. Der Gruß oder der erteilte Segen in dem Moment, da man sich trennt und sich verläßt, manchmal für immer (und ausschließen kann man es niemals): ohne Wiederkehr hier hienieden, im Moment des Todes; 3. Das *à-dieu*, das für Gott oder vor Gott vor jeder und in jeder Beziehung zum Andern, in jedem anderen Adieu. Jede Beziehung zum Anderen wäre, vor und nach allem, ein Adieu.»

vorliege. So aber kommt Hiobs Frau auf die Seite des Satans zu stehen. Der hatte in beiden Himmelsszenen Gott provoziert, Hiob zu versuchen, um zu prüfen, ob Hiobs Gottesfurcht wirklich «umsonst» sei und nicht vielmehr erst die Folge seines guten Ergehens: «Aber strecke nur einmal deine Hand aus und taste all das an, was ihm gehört – ob er dir dann nicht ins Angesicht ‹fluchen› / ‹segnen› wird?» (1,11; vgl. 2,5). Der Kirchenvater Augustin nennt Frau Hiob darum in einer Lehrpredigt zum Glaubensbekenntnis eine «diaboli adiutrix», eine Gehilfin des Teufels; für andere wird sie zur «letzten und schwersten Versuchung», die an Hiob herantritt, zum «gefährlichsten Bundesgenossen des Satans».[11]

Hiobs angeblich mit dem Teufel im Bunde stehende Frau fungiert in solchen Schwarz-Weiss-Zeichnungen der traditionellen Auslegungen auf der ganzen Linie als Kontrastfigur zu Hiob: Sie fordert ihren Mann dazu auf, Gott endlich abzuschwören, und wird mit ihrem Wort zur entscheidenden inneren Belastungsprobe des von Gott Geschlagenen. Er aber entspricht der ihm von Gott bescherten und wieder entrissenen Segensfülle mit einem Segnen (des Namens) Gottes (1,21) und hält auch dann noch an Gott fest, als ihm dessen Angriff längst unter die Haut gegangen und in die Knochen gefahren ist.

Nun ist es durchaus möglich, die Worte der Frau Hiobs an ihren Mann als eine verzweifelte, ja zynische Reaktion auf das ihr unbegreifliche Festhalten ihres Mannes an Gott zu verstehen. Aber gerade als Ausdruck tiefster Verzweiflung kann der Rat der Frau Hiobs aus Liebe zu und Mitleiden mit ihrem Mann erwachsen, für dessen Krankheit und Leid sie keine andere Linderung mehr als einen raschen Tod sieht – dann nämlich, wenn ihren Worten die Logik des Rechtssatzes von Lev 24,16 zugrunde liegt:[12] «Wer den Namen Jhwhs lästert, der wird des Todes sterben. Steinigen, steinigen wird ihn die ganze Gemeinde; gleich, ob es ein Fremder oder ein Einheimischer ist: bei Namenslästerung wird er getötet.» Hiobs Frau «will [so gedeutet] einen Ausweg aus der Ausweglosigkeit, und sei es durch den Tod», schlussfolgern Christl Maier und Silvia Schroer.[13] Statt gegen jede bessere Einsicht an einem Gott festzuhalten, der ihn längst verlassen hat, soll Hiob als Tatfolge seiner Gotteslästerung den Tod auf sich ziehen, um so endlich seinem Elend zu entkommen. Dann wäre er wenigstens mit seinem Gott quitt.

Doch auch diese Deutung im Licht des Rechtssatzes von Lev 24,16 ist nicht die einzig mögliche.

---

11   Artur Weiser, Das Buch Hiob (Das Alte Testament Deutsch 13), Göttingen ²1956, 35f.
12   Vgl. Jürgen Ebach, Streiten mit Gott: Hiob. Teil 1: Hiob 1–20, Neukirchen-Vluyn 1995, 37.
13   Christl Maier / Silvia Schroer, Das Buch Ijob. Anfragen an das Buch vom leidenden Gerechten, in: Luise Schottroff / Marie-Theres Wacker (Hg.), Kompendium Feministische Bibelauslegung, Gütersloh 1998, 192–207, 202.

2.2 «Segne Gott und stirb!» – eine Aufforderung zum Sterben in Frieden

In den ersten beiden Kapiteln des Hiobbuches ist der Gebrauch von *brk* an keiner
Stelle eindeutig negativ («fluchen» «absagen» «absegnen») oder eindeutig positiv («segnen»), sondern das Wort changiert durchgängig zwischen Segen und
Fluch.[14] Darum kann Hiob 2,9 auch bedeuten, dass Hiobs Frau ohne auch nur
den geringsten ironischen oder sarkastischen Unterton ihrem Mann rät, Gott tatsächlich zu *segnen*, wie es viele Psalmen bezeugen.[15] «Auch wenn ich es nicht
verstehe, so sehe ich doch, dass du auch jetzt noch an deiner Frömmigkeit festhalten musst. Dann segne Gott, solange du es noch kannst; gib ihm die Ehre, die
ihm zusteht, damit du in Frieden mit deinem Gott sterben kannst!» – so könnten
wir die Worte von Hiobs Frau dann paraphrasieren.

Segnen bedeutet, jemandem Gewicht verleihen, sie wichtig nehmen, ihm
Anerkennung, Ehre und Achtung zukommen lassen. Fluchen dagegen meint:
jemanden gering schätzen, ihn leichtnehmen und leichtmachen, sie übersehen,
missachten, wie Luft behandeln. Wer Gott segnet, macht Gott stark. Wer Gott
flucht, erklärt Gott zum Leichtgewicht.

So gelesen würde Hiobs Frau, indem sie die unerschütterliche Gottesfurcht
ihres Mannes anerkennt, nicht die Worte Satans, sondern die Worte Gottes wiederholen (2,3). Und sie riete Hiob zu einem Verhalten, mit dem er auch seine
Leiden als gottgegeben annähme, ohne dabei aber – und darauf kommt nun alles
an – in Passivität und Ohnmacht gegenüber diesem Gott zu verharren. Im
Gegenteil: Dass er auch jetzt noch an Gott festzuhalten und Gott als Gott anzu-
erkennen und zu achten vermag, müsste doch – vergleichbar einem kontras-
tethischen «Segnet, die euch fluchen!» (Lk 6,28a) – geradezu eine Beschämung
Gottes hervorrufen. Dem Gott, der ihm alles genommen hat, gäbe Hiob segnend
noch zusätzliches Gewicht. Paradoxe Intervention im Gespräch mit Gott! Entsprechend beim Wort genommen lautet 2,9: «Noch (immer) hältst du fest an
deiner Frömmigkeit! Segne Gott und stirb!» Doch auch damit sind die Worte
von Frau Hiob noch nicht ausgeschöpft.

---

14   Vgl. Tod Linafelt, The Undecidability of *brk* in the Prologue of Job and Beyond: Biblical
Interpretation 4 (1996), 154–172; Magdalene L. Frettlöh, Theologie des Segens. Biblische und
dogmatische Wahrnehmungen, Gütersloh ⁵2005, 308–314.
15   Siehe a. a. O., 384–403.

2.3 «Fluche / segne Gott und stirb!» – Provokation Hiobs zum Widerspruch gegen seine Frau, seine Freunde und gegen Gott

Hiob selbst hat nach Auskunft von 2,10 den Rat seiner Frau nicht so verstanden und nicht beherzigt. Ihre Worte sind anders bei ihm ‹angekommen›, aber auch Hiobs eigene Lesart der Worte seiner Frau ist nur eine unter mehreren möglichen: «Wie eine von den Törinnen redet, redest auch du! Das Gute nehmen wir an von Gott, und das Böse sollten wir nicht annehmen?»

Die Torheit seiner Frau besteht für Hiob darin, die Wirklichkeit zu halbieren und Gott nur einen lieben Gott sein zu lassen[16], nur im Guten eine annehmbare Gabe Gottes zu sehen, aber das Böse nicht auf Gott zurückzuführen und es darum auch nicht als gottgegeben anzunehmen. So wäre die Frage Hiobs an seine Frau als rhetorische verstanden, und die Antwort könnte nur lauten: «Natürlich sollen wir das Böse wie das Gute von Gott annehmen!»

Aber auch hier gibt es nicht nur *eine* Deutung: Denkbar ist ebenso, dass Hiobs Frau ihren Mann, ohne dass er es selbst schon wahrhaben muss, wirklich ins Fragen, ins wirkliche Fragen bringt, ob man alles, was von Gott kommt, sei es gut, sei es böse, auch tatsächlich annehmen muss[17], ob nicht auch gegenüber Gott bisweilen ein «Annahme verweigert» und eine Protesthaltung möglich und geboten sein können. In dieser Sicht würde auch Hiobs Frau wie Hiob selbst in Gott den Urheber des Bösen wie des Guten sehen, ihrem Mann aber raten, Gott die Annahme des von ihm geschickten Leidens zu versagen, das Leiden nicht als göttliche *Gabe* zu empfangen.[18]

Wie auch immer der Rat, Gott zu «segnen» oder Gott zu «fluchen», im Mund der Frau Hiobs zu verstehen ist – noch einmal: es gibt hier keine eindeutige Interpretation –, in jedem Fall erreicht sie mit ihrem Einwurf, dass Hiob zu argumentieren beginnt. Indem Hiob in 2,10 an der Einheit der Wirklichkeit und an ihrem

---

16   So Ebach, Streiten mit Gott 1, 38f.

17   Vgl. Ellen van Wolde, The Development of Job. Mrs Job as Catalyst, in: Athalya Brenner (Hg.), A Feminist Companion to Wisdom Literature, Sheffield 1995, 201–221.

18   In seinem Verständnis der Gabe als eines kreativen hermeneutischen Phänomens geht Ingolf U. Dalferth davon aus, dass eine Gabe von dem, der sie bekommt und darin passiv ist, *als Gabe* empfangen, d. h. in ihrem «für ihn» wahrgenommen werden muss, was aber selbst wiederum sich der Initiative der Gabe verdankt: «Nicht der Empfänger macht die Gabe zur Gabe, sondern die Gabe macht den Empfänger zum Empfänger – nur deshalb kann dieser sie *als Gabe* und sich selbst als *ihr Empfänger* verstehen.» Insofern ist die Gabe ein hermeneutisches Phänomen. Kreativ ist sie darin, dass dem, der sie bekommt, «dadurch Lebensmöglichkeiten zufallen, die er von sich aus nicht gehabt hätte und zu denen er sich verhalten muss» (Umsonst. Eine Erinnerung an die kreative Passivität des Menschen, Tübingen 2011, 111, 110). Es wäre eine eigene Untersuchung wert, Hiob 1,21 im Licht des gegenwärtigen Gabe-Diskurses zu interpretieren.

einen Herrn festhält, fügt er sich gerade nicht wortlos in sein Geschick, sondern macht Gott für sein Ergehen verantwortlich. Darum lautet meine These: Der Hiob, den seine Frau *wieder zum Sprechen* und so *zum Widersprechen* gebracht hat, wird auch gegenüber seinen Freunden und seinem Gott nicht schweigen, sondern mit ihnen streiten.

Wenn die Hiobreden katalysiert sind durch das, was Hiobs Frau zu ihrem Mann gesagt hat, dann ist es demgegenüber zweitrangig, ob sie ihn auffordert, Gott zu segnen oder Gott zu fluchen. Entscheidend bleibt, dass Hiobs Frau mit ihrer Intervention ihren Mann zum Fragen bringt und zum Widerspruch provoziert – gegen sie, gegen seine Freunde und vor allem: gegen Gott! Frau Hiob hat mit zwei kurzen Sätzen dazu beigetragen, dass die Dialektik von «Widerstand und Ergebung» nicht einseitig zugunsten der Ergebung aufgelöst wird, dass Hiobs «Jhwh hat gegeben, Jhwh hat genommen, der Name Jhwhs sei gesegnet!» (1,21b) keine fraglose, widerspruchslose, schweigend ergebene Einstimmung in das Gegebene als Gottgegebenes ist. Damit aber avanciert Frau Hiobs Wort in 2,9 zu so etwas wie der Kernzelle von Jenny Erpenbecks vier Intermezzi.[19] Nicht zuletzt deshalb resümiert Verena Auffermann, die wiederholt auf die Hiobbuchbezüge des Romans hinweist, in ihrer Laudatio: «‹Aller Tage Abend› ist ein denkendes Buch, ein Buch, das, wie es in Hiobs biblischer Geschichte heißt, ‹das Unglück auf die Waage legt›. […] Jenny Erpenbeck hat mit ‹Aller Tage Abend› ein biblisches Buch geschrieben.»[20]

3.   Ein fünftes Intermezzo: «Weil das, was ist, nicht alles ist …»[21]

Vier Mal hat Jenny Erpenbeck in den Intermezzi ihres Romans «Aller Tage Abend» ihre Protagonistin durch die Realisierung des Irrealis «Was wäre, wenn …» zu neuem Leben erweckt. Nach dem fünften Tod hat sie es gut sein

---

19   Keineswegs beanspruche ich, damit die *intentio auctricis* getroffen zu haben, wohl aber legen die *intentio operis* (mit dem exponierten Zitat von 1,21) und allemal die *intentio lectricis* diesen Schluss nahe; zur Unterscheidung dieser drei Intentionen siehe Umberto Eco, Zwischen Autor und Text. Interpretation und Überinterpretation. Mit Einwürfen von Richard Rorty, Jonathan Culler, Christine Brooke-Rose und Stefan Collini. Aus dem Englischen von Hans Günter Holl, München 1996, 87: «Zwischen der unergründlichen Intention des Autors und der anfechtbaren Intention des Lesers liegt die transparente Textintention, an der unhaltbare Interpretationen scheitern.»

20   www.evangelischerbuchpreis.de/fileadmin/redakteur/Buchpreis/Presse/Laudatio_ Jenny_Erpenbeck_Leipzig.pdf, 1–6, 5f. (aufgerufen am 25.08.2013).

21   In einer theologischen ReVision des philosophischen Diktums von Theodor W. Adorno «Nur wenn, was ist, sich ändern läßt, ist das, was ist, nicht alles» (Negative Dialektik [Gesammelte Schriften 6], Frankfurt a. M. 1973 / Darmstadt 1998, 391) wird für Jürgen Ebach «*in der gewissen Erwartung,* die dem Hören und Lesen der Bibel entspringt», aus dem Bedingungs- ein

lassen mit dem zu Ende gegangenen Leben der Frau Hoffmann[22], die ein ganzes Jahrhundert mit all seinen Schrecken und Traumata durchlebt und durchlitten hat: «Ein Jahrhundert habe ich auf die Arme gezwungen. Momentan, meine ich», sagt sie ihrem Sohn kurz vor ihrem Tod (282). Die 90 gelebten Jahre sind ja auch weit mehr, als der 90. Psalm für ein Menschenleben erwartet: «Unser Leben währt siebzig Jahre, und wenn es hoch kommt, achtzig Jahre» (Ps 90,10).

Anders als die Schriftstellerin und ihre Laudatorin[23] kann sich die systematische Theologin mit der Endgültigkeit des fünften Todes nicht abfinden. Denn auch dieses 90-jährig zu Ende gegangene Frauenleben enthält noch so viele ungelebte, nicht realisierte Möglichkeiten. Und es enthält Scheitern und Versagen, Schuld und Versäumnisse, Unversöhntes und menschlicherseits Nicht-wieder-gut-zu-Machendes, Krankheit und Not, Demütigungen und Verletzungen, Gewalt und Lüge. Soll dies alles so bleiben? Soll das alles gewesen sein?

Der Bochumer Historiker Jörn Rüsen hat 2003 als zweiten Band der Reihe «Kulturwissenschaftliche Interventionen» «Essays zum Bedenken der Geschichte» veröffentlicht. Sie tragen den Titel «Kann gestern besser werden?» Titelgebend ist dabei ein «Peanuts»-Cartoon: «Ich glaube», sinniert Linus darin, «es ist verkehrt, sich über den morgigen Tag zu sorgen. Vielleicht sollten wir nur an heute denken.» Charlie Brown widerspricht: «Nein, das würde Resignation bedeuten. Ich hoffe immer noch, dass gestern besser wird.»[24] Charlie Brown überbietet mit dieser Hoffnung das «Sorget nicht!» der Bergpredigt: «Sorgt euch also nicht um den morgigen Tag, denn der morgige Tag wird für sich selber sorgen. Jeder Tag hat genug an seiner eigenen Last» (Mt 6,34). Charlie Brown nämlich sorgt sich nicht um das Morgen, sondern um das Gestern, darum, dass das Vergangene vergangen ist, dass es auf immer so bleiben muss, wie es war, dass es festgeschrieben ist. Er hofft darauf, dass es besser werden kann, ja wird. Jenny

---

Begründungssatz – mit umgekehrter Reihenfolge: «Weil das, was ist, nicht alles ist, [kann das, was ist, sich ändern]» (Weil das, was ist, nicht alles ist [Theologische Reden 4], Frankfurt a. M. 1998, 10f.). Dieses eschatologische Credo zieht sich wie ein roter Faden durch Ebachs Texte.

22   Entsprechend beobachtet Andreas Platthaus: «… gerade das letzte Buch [ist] ein langer ruhiger Weg ins Aus, am Ende eines Lebens, das nun sein Potential ausgeschöpft hat. Es fehlt nichts mehr» (zitiert nach: www.faz.net/aktuell/feuilleton/buecher/rezensionen/belletristik/jenny-erpenbeck-aller-tage-abend-das-fuenffache-leben-der-frau-hoffmann-11858991.html, aufgerufen am 01.11.2012).

23   Wenn Verena Auffermann urteilt: «Die Vergangenheit ist real nicht mehr veränderbar, sie kann aber durch Nachdenken produktiv gewendet werden» (a. a. O., 5; s. Anm. 20) und in ihrer Laudatio überhaupt die denkerische Kraft und Genauigkeit dieses Buches unterstreicht, dann ist damit schon sehr viel gesagt. Doch über die Wendungen der Geschichte, die durch menschliches Nachdenken möglich werden (können), hinaus setzt die Theologin auf die Todesmächtigkeit eines Gottes, der auf die Vergangenheit zurückkommen und sie ändern kann.

24   Zitiert nach: www.faz.net/aktuell/feuilleton/buecher/rezensionen/sachbuch/vorwaerts-in-die-vergangenheit-1106002.html (aufgerufen am 01.05.2013).

Erpenbeck hat in den vier Intermezzi ihres Romans diese Möglichkeit, dass das Gestern besser wird, durchgespielt.

Christlicher Theologie und christlichem Glauben gibt das Bekenntnis zur Auferweckung des Gekreuzigten in ein Leben, das vom Tod nicht mehr bedroht ist, in die Teilhabe an der unerschöpflichen Lebensfülle Gottes, ebenso Grund wie die Vielzahl der biblischen Verheissungen, mit denen Gott im (Schrift-)Wort steht. Diese gipfeln im göttlichen Versprechen: «Siehe, ich mache alles neu» (Offb 21,5). Auferweckung als radikale Transformation, als Neuschöpfung bei gleichzeitiger Bewahrung von Identität – das heisst: die Vergangenheit ist nicht vergangen und sie ist nicht irreversibel. Gott kommt auf das gelebte Leben zurück, bringt es zurecht und vollendet es.

In einem «kleinen ungehaltenen Zwischenruf» hat Jürgen Ebach auf eine «fehlende Zeitform in der deutschen Grammatik» aufmerksam gemacht:

> Das Unabgegoltene der Vergangenheit, die vielen Möglichkeiten, die sie enthielt und enthält, fallen unter das Urteil des positivistischen «ja» oder «nein» der faktischen Realisierung oder Nichtrealisierung. [...] Zwischen der Faktizität und dem Irrealis bleiben die Möglichkeiten der offenen Zukunft der Vergangenheit unaussprechbar. Es bedarf daher einer weiteren grammatischen Zeitform der Zukunft der Vergangenheit, die sich dem Urteil der Gegenwart nicht fügt. Zum «Futur 2» (etwas wird gewesen sein) gehört daher ein «Imperfekt 2»: Etwas hat sein werden.[25]

Jenny Erpenbeck hat auf mitreissende Weise gegen die Faktizität, gegen das, was der Fall, in diesem Fall der Tod, ist, den Konjunktiv, den Irrealis ins Feld geführt und ihn spielerisch und auf Zeit in den Realis verwandelt und so jeweils gezeigt, was im Leben ihrer Protagonistin nicht nur hätte sein können, sondern auch hat sein werden.

---

25   Jürgen Ebach, Eine fehlende Zeitform in der deutschen Grammatik. Kleiner Ungehaltener Zwischenruf, in: ders., Ein weites Feld – ein zu weites Feld? (Theologische Reden 6), Bochum 2004, 218; vgl. ders., Auf der Suche nach der verlorenen Zeit, in: ders., Neue SchriftStücke. Biblische Passagen, Gütersloh 2012, 140–142.

4.   Epilog im neuen Jerusalem: Aller Tage Morgen!

Trefflich bemerkt Cornelia Geißler in ihrer Rezension von Jenny Erpenbecks
Roman: «Der Titel [...] ruft Widerspruch hervor, weil in ‹aller Tage Abend› ein
Nein steckt, ein Noch-nicht, ein Versprechen auf mehr.»[26] Was hier den Widerspruch hervorruft, ist der *Aufschub*: Es bleibt noch eine *Frist*, bis aller Tage Abend
ist. Noch ist es nicht so weit, noch haben wir Zeit, Lebenszeit – allerdings mit der
beunruhigenden Ungewissheit, wann diese Frist abgelaufen sein wird.
Ein noch radikalerer Widerspruch gegen das «Aller Tage Abend» kommt aus
jenen futurisch-eschatologischen Verheissungen der Bibel, die davon ausgehen,
dass uns ein Leben blühen wird, in dem zu keiner Zeit aller Tage Abend ist, weil
einmal der Tod als der letzte Feind Gottes und der Menschen nicht mehr sein
wird: «[...] und der Tod wird nicht mehr sein, und kein Leid, kein Geschrei und
keine Mühsal wird mehr sein; denn was zuerst war, ist vergangen» (Offb 21,4b).
Nach der Realutopie der Johannesapokalypse wird es im neuen, vom Himmel,
von Gott her auf die neue Erde herabkommenden Jerusalem keinen Tod und mit
ihm auch keine Nacht mehr geben: «Keine Nacht wird mehr sein, und sie brau-
chen weder das Licht einer Lampe noch das Licht der Sonne. Denn Gott [...]
wird über ihnen leuchten» (Offb 22,5). Im charmanten Licht des *kavod* und der
doxa Gottes, die aus dem *Herr*lichkeitsjargon zu befreien sind,[27] wird alles Leben,
wird jedes Geschöpf – so die Hoffnung des Apostels Paulus in 1Kor 15,39ff. – in
der ihm eigenen Pracht erstrahlen. Dazu hat Ruth Heß sehr Lesenswertes
geschrieben.[28] Dann wird *aller Tage Morgen* sein – ein Morgen, wie wir ihn in
manchen unserer Kirchenlieder herbeisehnen und -singen: «Morgenglanz der
Ewigkeit, Licht vom unerschaffnen Lichte ...» (RG 572,1). Ostermorgen, Morgen, an dem das Leben ein für alle Mal gegen den Tod aufstand und ihm den
Stachel zog (vgl. 1Kor 15,55b).

    Wer von diesem Versprechen, dass der Tod nicht mehr sein wird – ein Ver-
sprechen, das unter eschatologischem Vorbehalt steht, weil seine Bewahrheitung durch Gott selbst noch aussteht –, herkommt, wird nicht anders können, als
diese Hoffnung auf seine einstige Erfüllung schon hier und heute zu bewähren –
im Protest gegen jeden und jede, die wollen, dass alles so bleibt, wie es ist.

---

26   Zitiert nach: www.fr-online.de/literatur/jenny-erpenbeck--fuenf-tode--fuenf-leben,1472266,
19234366.html (aufgerufen am 02.05.2013).
27   Frettlöh, Gott Gewicht geben, bes. 7–150.
28   Ruth Heß, «Es ist noch nicht erschienen, was wir sein werden». Biblisch-(de-) konstruktivistische Anstöße zu einer entdualisierten Eschatologie der Geschlechterdifferenz, in: dies. /
Martin Leiner (Hg.), Alles in allem. Eschatologische Anstöße. J. Christine Janowski zum
60. Geburtstag, Neukirchen-Vluyn 2005, 291–323; dies., «... männlich und weiblich schuf er
sie»!? IdentitätEn im Gender Trouble, in: Alexander Deeg u. a. (Hg.), Identität. Biblische und
theologische Erkundungen (Biblisch-theologische Schwerpunkte 30), Göttingen 2004, 164–188.

Bewährung ist in einer unerlösten Welt die Wahrnehmung einer Wahrheit, deren eschatologische Bestätigung und Erfüllung noch aussteht.

Von Schifra und Pua, den Hebammen der Hebräerinnen in Ägypten (Ex 1,15ff.), über die jeremianischen Klagefrauen (Jer 9,16f.), Frau Hiob (Hiob 2,9) und die Frauen unter dem Kreuz und am Grab Christi bis hin zu den «Frauen in Schwarz» und Jenny Erpenbeck sind es immer wieder nicht nur, aber vor allem Frauen, die sich mit dem Tod, dem drohenden oder dem schon eingetretenen, nicht abfinden, sondern dem «Geruch aus dem Tod zum Tod» einen «Geruch aus dem Leben zum Leben» (2Kor 2,16) entgegensetzen. Ich sehe in diesen Protestfrauen Prophetinnen der Charlie Brown'schen Hoffnung, dass «gestern besser wird».

Ob es das literarische Spiel mit dem Irrealis oder die Provokation ist, angesichts des Todes Gott zu segnen oder zu fluchen, ob es der betörende Duft des Salböls oder die himmelschreiende Klage ist – all dies erwächst aus einer Wahrnehmung der Differenz zwischen der Welt, wie sie vor Augen liegt, und der Welt, wie sie besser sein könnte oder nach Gottes Willen sehr gut sein wird. Wem diese Differenzsensibilität gegeben ist, wird angesichts dessen, was der Fall und mit ihm der Tod in der Welt ist, nur *untröstlich* sein können, wird sich wie der Sohn von Frau Hoffmann ganz am Ende von Jenny Erpenbecks Roman fragen, ob das Rotz-und-Wasser-Heulen, «ob diese merkwürdigen Laute und Krämpfe wirklich alles sind, was dem Menschen gegeben ist, um zu trauern» (283), und wird sich doch zugleich daran erinnern lassen, dass man in Wahrheit den Tod «mit einer Handvoll Schnee erschrecken» (258) kann.

Vom kleinen zum grossen Tod. Religionspädagogische Überlegungen zu einer Erotik des Lebens vor dem Tod[1]

Andreas Kessler

Die prinzipielle Unzugänglichkeit des Todes als Tod generiert eine Fülle unter anderem sprachlicher Figuren, sich dem empirisch verschlossenen Erleben des Todes zu nähern. In solchen versuchten sprachlichen Annährungen werden Bilder des Todes entworfen, die vor allem Bedürfnisse des Lebens transportieren und als entsprechende individuelle wie kollektive Fixierungen kritisch zu sichten sind, gerade auch in Bezug auf deren genderrelevante Festschreibungen. Im Folgenden sollen deshalb ausgehend von der Metapher «kleiner Tod» Verweiszusammenhänge zwischen Tod, Religion und Gender collagiert werden, um schliesslich das religionspädagogische Spielfeld zu öffnen.[2]

1. Der kleine Tod (la petite mort) – Abschied von der Omnifusionsphantasie

Mit der Metapher *la petite mort* wird das Erleben des Orgasmus einzufangen versucht. Diese Metapher hat ihren Ursprung aber nicht im Sexuellen, sondern in der medizinisch-biologischen Tradition. Es war Ambroise Paré (1510–1590), ein Pionier der (Kriegs-) Medizin und Chirurgie des 16. Jahrhunderts, welcher die Metapher des «kleinen Todes» im Französischen wohl als Erster benutzte und damit in alter Medizintradition folgenden Zustand beschrieb: «Syncope est vne soudaine, & forte defaillance des facultez & vertus, & principalement de la vitale, & demeure le malade sans aucun mouuement: & pour ceste cause les anciens l'ont appellée petite [...].»[3] Der kleine Tod als bewegungslose Ohn-

---

1   Um Fussnoten erweiterte Fassung, bei der der Vortragsstil weitgehend beibehalten wurde.

2   Sprachlich und ideell lehnt sich diese Collage im Sinn einer relecture stark an die Religionspädagogen Dietrich Zilleßen und Bernd Beuscher an; siehe vor allem Dietrich Zilleßen, Gegenreligion. Über religiöse Bildung und experimentelle Didaktik, Münster 2004; Bernd Beuscher / Dietrich Zilleßen, Religion und Profanität. Entwurf einer profanen Religionspädagogik, Weinheim 1998. Ich werde nicht jede übernommene sprachliche Figur insbesondere von Zilleßen als Zitat ausweisen (wie z. B. «Entschiedenheit im Unentscheidbaren»), sondern erlaube mir, deren Sprachspiel frei zu kopieren bzw. in meinen Gedankengang zu integrieren.

3   Ambroise Paré, Les œuvres d'Ambroise Paré, Lyon 1664, 214 (livre 9, chapitre 19).

macht, als eine plötzliche Synkope der Lebenskräfte, als Wegsein. Was an dieser medizinischen Beschreibung fehlt, ist das euphorische Moment, das diese Synkope begleitet. Es ist nun aber diese wahrgenommene Verbindung von Synkope und Ekstase, von Wegsein und wohligem Delirium, welche für die Übernahme der *petite mort* in die Sprache des Sexuellen von zentraler Bedeutung wurde. Ein Beispiel aus der Fülle der literarischen *petite-mort*-Verwendungen muss hierzu genügen: «Jusqu'au jour durait la mêlée de ces deux corps fondus dans une longue caresse : la petite mort de la volupté apportant au visage de Juliette une transfiguration extatique.»[4] Der kleine Tod der Lust als im Gesicht zu erkennende ekstatische Transfiguration, als eine Veränderung des Normalgesichts auf ein Anderes hin, und dies als Resultat einer sich verschmelzenden Vermischung.

Die Erkundung des (im weitesten Sinn) religiösen wie Gender-Verweiszusammenhangs der Metapher *petite mort* beginne ich mit einem Stück Popkultur, mit dem Text des Liedes «Der kleine Tod» der Band Rosenstolz aus dem Jahr 1996[5].

Die Sängerin stilisiert sich in diesem Song als fröhlich promiskes, wildes Mädchen, das sich vom sexuell prüden Elternhaus befreit hat.[6] In klischierter Gegenüberstellung von falscher (Nonne, Papst, Keusche) und wahrer Religiosität äussert sich der von der Sängerin offensichtlich erfahrene kleine Tod in Bildern aus dem Archiv des Religiösen: Der kleine Tod bringt sie dem Himmel nah, lässt sie engelsgleich und göttergleich erleben; der kleine Tod als religiöse Seligkeit, als eine schreiende Euphorie.[7] Also auch hier: Synkope und seliges Delirium. Diese religiöse Seligkeit entsteht aus der Tötung der Zweiheit und wird als Aufhebung der Zeit beschrieben:

> Komm stirb mit mir und komm
> Minuten für die Ewigkeit
> Die Ewigkeit für uns
> Ich töte dich
> Du tötest mich
> Wir sterben Arm in Arm

---

4   Emile De Goncourt, Faustin, Paris 1882, 216.

5   Rosenstolz, Album «Objekt der Begierde», Polydor, 1996. Der Liedtext findet sich auf: http://artists.universal-music.de/udd/_artists/rosenstolz/_wiki/doku.php?id=rosenstolz:lieder:-der_kleine_tod (aufgerufen am 9.04.2014).

6   «Meine Mutter war 'ne Nonne / Und mein Vater wie der Papst / Und so wurd ich eine Keusche / Die immer unterlag // Sexuell verdächtig / Nein, das war ich nie / Ich ging auf alle Jungens zu / Und dachte nie was Böses» (vgl. Anm. 5).

7   «Der kleine Tod / Läßt mich sterben / Bringt dem Himmel / Mich so nah / Der kleine Tod / Läßt mich leben / Göttergleich / Und wunderbar/ Ich schreie in den schrillsten Tönen nach dir» (vgl. Anm. 5).

Im gegenseitigen Töten, im Sichverschlingen wird die Sehnsucht nach Entsub-
jektivierung als Zerstörung der Subjekt-Objektbeziehungen deutlich, ähnlich
wie bei Emile de Goncourt: *la mêlée de ces deux corps fondus.* Auf der sexuellen
Ebene entspricht dies dem Moment des gemeinsamen Orgasmus, der simulta-
nen *petite mort* – hier von Tiger und der Sängerin.

Ist dieser Liedtext erotisch oder sexuell? Auf den ersten Blick mag er etwas
Erotisches haben, es macht sich scheinbar ein nicht zu verdrängendes, tiefes
Begehren Raum. Ich interpretiere diesen Text jedoch als Ausdruck blosser Sexualität, als ein Stück Populärliteratur, dem jegliche Negativität und Ambivalenz
fehlt, das den Anderen als Anderen völlig suspendiert. Es geht hier um durchaus
guten, blossen Sex für die Frau, der Mann wird auf eine explodierende Leitung
reduziert und ist als solcher ersetzbar; denn zuerst hatte dieser Mann noch einen
Namen – Tiger – in der Folge ist er das Mittel zum Zweck: quasi ein kleines Stück
Frauenporno.[8] Was als wilder Exzess beschworen wird, ist bei näherer Betrach-
tung purer, blosser, serieller Sex oder in den Worten Byung-Chul Han's: «Vielmehr wird sie (die Liebe) im Zuge einer Positivierung aller Lebensbereiche zu
einer Konsumformel domestiziert, die ohne Risiko und Wagnis, ohne Exzess
und Wahnsinn ist. Jede Negativität, jedes Negativgefühl wird vermieden. Leiden und Leidenschaft weichen angenehmen Gefühlen und folgenlosen Erregun-
gen. Im Zeitalter von Quickie, Gelegenheits- und Entspannungssex verliert auch
die Sexualität jede Negativität. Die gänzliche Abwesenheit der Negation lässt
die Liebe heute zu einem Gegenstand des Konsums und des hedonistischen Kal-
küls verkümmern. Das Begehren des Anderen weicht dem Komfort des Gleichen.»[9] Oder in der Sprache des Liedtextes:

Und ich liebte meinen Tiger
Doch es ging nicht ewig lang
Sexuell beständig
Nein, das war ich nie
Ich ging auf andre Männer zu
Und dachte nur an Gutes

Der Liedtext repräsentiert letztlich einen *égoisme à deux* ohne Negativität. Aber
dieser *égoisme à deux* wird – und das ist in unserem Zusammenhang entscheidend – als Einheitserlebnis konstruiert und entsprechend imaginiert. Und
gerade dieses imaginierte euphorische Todeseinheitserlebnis als gemeinsame

---

8   «Doch dann traf ich Tiger / Gleich am Abend wurd ich schwach / Denn die Augen von
      dem Tiger / Machen wilde Mädchen wach // Er schaltet um auf Starkstrom / Die Leitung explo-
      diert / Ich weiß nicht was ich tuen soll / Ich liebe es so sehr» (vgl. Anm. 5).
9   Byung Chul Han, Agonie des Eros, Berlin 2012, 28.

Frucht der Arbeit am Orgasmus produziert seinerseits, oder besser: setzt voraus, eine fixierende Differenz und Polarität der Geschlechter als Bedingung der Möglichkeit einer *coincidentia oppositorum*. Die Sehnsucht nach diesem Zusammenfallen der Gegensätze im Bild des gemeinsamen Todes bekräftigt somit stereotype Geschlechtsmuster, hier etwa im allzu bekannten Aktiv-passiv-Dispositiv: «So pack jetzt zu und halt mich fest / Ich will dich jetzt so sehr.»

«Der kleine Tod» von Rosenstolz ist nur ein kleines, unbedeutendes Lied und als solches mittelmässige Unterhaltungspoesie. Aber es zeigt exemplarisch etwas an, was z. B. abseits aller akademischen Religions- und Genderdiskurse in der breiten Sexratgeberliteratur unbefangen repristiniert wird: die klassische biologistische Differenzontologie, deren Aufhebung jedoch in der gemeinsamen *petite mort* regelrecht gemacht werden kann, und zwar interessanterweise als explizit spirituelles Erlebnis von Ganzheit, es ist alles eine Frage der Technik. Auch hier muss ein Beispiel eines allerdings äusserst populären Ratgebers genügen, wobei ein Blick auf einen Auszug des Inhaltsverzeichnisses völlig ausreicht. Das Buch beginnt mit folgendem Kapitel:

> *Feminin und Maskulin – das Spiel der Polarität*
> Yin und Yang – die treibenden Kräfte für heissen Sex
> Herausforderung – der Weg des Maskulinen
> Hingabe – der Weg des Femininen
> Begehren und Leidenschaft – die sexuelle Essenz
> Der ewige Tanz des Lebens
> Wie die Emanzipation der Frau die Lust besiegt
> Wie das romantische Liebesideal den Sex besiegt
> Entfachen der Leidenschaft mit dem Yin-Yang-Spiel
> *Spielregeln für den Yang-Partner*
> *Spielregeln für den Yin-Partner*
> Im Rausch der Sinne oder vom Nehmen und Nehmenlassen

Und im letzten Abschnitt «Im Rausch der Sinne» steht geschrieben: «In diesem Rausch der Sinne berühren beide ihren Wesenskern und können sich ganz ihrer Ekstase hingeben. Nehmen und Genommenwerden werden so eine unvergessliche, spirituelle Erfahrung. Beide berühren ihre Essenz und fühlen sich gleichzeitig mit dem Himmel und der Erde verbunden.»[10]

Dass dieser gemeinsame kleine Tod sowohl im Liedtext wie im Sexratgeber in religiösen Sehnsuchtsbildern beschrieben wird, ist Indiz für eine spezifische Religionsform, hier in säkular-sexueller Gewandung: Es geht um eine Religion

---

10   Doris Christinger / Peter A. Schröter, Vom Nehmen und Genommenwerden. Für eine neue Beziehungserotik, München [4]2012, 42.

des puren Wunsches, des zu befriedigenden Bedürfnisses, der machbar einzu-
holenden Sehnsucht: aktiviert werden Imaginationen von Omnifusionen, von
euphorischer Ganzheit, von herstellbarer Einheit ohne jegliche Negativität des
Anderen, somit ohne Erotik, sie folgen quasi dem Fundamentalismus des Herzens (sowie dem der Hormone und der Genitalien…). Oder mit Dietrich Zilleßen: «Aber diese Bedürfnisreligion ist auf Heimat aus, auf Geborgenheit und
Trost, auf Ganzheit. Die andere Religion ist die Religion unstillbaren Begehrens,
eine erotische Religion, immer wieder neu ausziehend aus Geborgenheiten,
unsicher suchend, im Unheimlichen unterwegs, im Fragmentarischen präsent.
Gegenreligion.»[11] Weder im Text der Band Rosenstolz noch im Sexratgeber sind
die Autorinnen im Unheimlichen unterwegs, da gibt es kein unsicheres Suchen,
sondern Wiederholung, Serialität und Komfort des Gleichen, Erfüllung, eben:
Bedürfnisreligion. Und in dieser Bedürfnisreligion des orgiastischen Trostes
steckt keine Lebenserotik, sondern letztlich eine Todessehnsucht, so auch im
Lied von Rosenstolz:

Ich töte dich

Du tötest mich

Wir sterben Arm in Arm

Halten wir vorläufig fest: Das Sprechen über den Orgasmus als *petite mort* bzw.
die hierbei konstruierte Imagination des Todes zeigt in unserem Zusammenhang viererlei: 1. Der Tod – um mit de Sade zu sprechen – «ist mit dem Gedanken einer Ausschweifung zu verbinden»[12] – als euphorisches Weggetretensein.
2. Der Tod wird in einem religiöser Sprache entlehnten Diskurs von Ganzheit als
Überwindung von Dualität und Zeit entfaltet. 3. Als Einheits- und Ganzheitsi-
magination produziert und verfestigt dieses Sprechen über die *petite mort* auf
der Ebene der Geschlechter die altbekannte Differenzontologie (natürlich inklusive einer Identitätsontologie). 4. Der sexuell-religiöse Diskurs der *petite mort* ist
Ausdruck einer Religion des Wunsches und des Bedürfnisses, Fundamentalismus des Herzens.

---

11   Dietrich Zilleßen, Gegenreligion. Über religiöse Bildung und experimentelle Didaktik,
Münster 2004, 113.
12   Marquis de Sade, Les cent vingt journées de Sodome, O.C., Bd. XIII, Paris 1966/67, 14.

Exkurs: Die ikonische Repräsentation der postekstatischen Traurigkeit

La petite mort birgt noch einen weiteren Verweiszusammenhang in sich, den der postkoitalen Traurigkeit, Melancholie, Depression, sozusagen die Kehrseite der synkopischen Euphorie. Die Fotografin Nan Goldin hat in ihrem Fotoband «The Ballad of Sexual Dependency» diesen Zustand in Variationen dokumentiert und dabei ein (bewusstes / unbewusstes) Muster festgehalten:[13]
Der Mann, sitzend auf der Bettkante, bereits wieder halbwegs angezogen, leer sinnierend (in der Rodin-Pose des Denkers); die Frau, nackt, liegend, in sich schützender Haltung. Obwohl gemeinsam auf demselben Bett – der Abstand zwischen den Beiden könnte nicht grösser sein. Dokumentiert wird hier eine regelrechte Vergegnung, ein prinzipielles Anderssein im Modus einer inkarnierten, gegenderten Ikonographie der Differenz: Frau – Mann, liegen – sitzen, sein – tun, empfinden – denken. Die imaginäre Wunschreligion der *petite mort* als Überwindung von Zweiheit und Zeit generiert gerade wegen ihres überstrapazierenden Überwindungswunsches regelrecht ein Gefängnis gegenderter Endlichkeitsidentitäten; und sie hält so einen verzweifelten wie verzweifelnden Mechanismus in Gang: die prinzipiell nicht einzuholende Sehnsucht nach Einheit und Zeitlosigkeit wird zur SehnSucht, eben zu einer nicht enden wollenden «Ballad of Sexual Dependency» – Missverständnisse und Gewalt inklusive.[14]

*Nan Goldin,
Couple in bed,
Chicago 1977,
in: Nan Goldin,
The Ballad of
Sexual Dependency,
New York 1986
(²2012), 138.*

---

13   Nan Goldin, The Ballad of Sexual Dependency, New York 1986 (²2012), 138. Das berühmtere Bild, das dasselbe Mann-Frau-Arrangement inszeniert, ist *Nan and Brian in Bed, New York City* 1983, a. a. O., 137. Ganz ähnlich in der Malerei z. B. das Gemälde von Edward Hopper *Excursion into Philosophy* aus dem Jahr 1959.
14   Die Mitte des Buches zeigt Nan Goldins Gesicht, das durch die Schläge ihres Freundes malträtiert wurde.

Andrej Rubliow, Weihnachtsikone, 1405. (wikimedia.org).

Übrigens: Diese konstruierte gegenderte Vergegnung und prinzipielle Fremd-
heit ist ikonographisch vielleicht sehr alt und findet sich auch in der christlichen
Tradition – so etwa in der traditionellen Ikonographie der orthodoxen Weihnachtsikone: Der Josef, der sinnierend sich von der liegenden Maria abwendet.
Natürlich ist der inhaltliche Kontext ein anderer (wenn auch nicht ein ganz
anderer), aber die Gendersprache ist dieselbe: Frau – Mann, liegen – sitzen,
sein – tun, empfinden – denken.

2. Der grosse Tod – der erotische Schrei Jesu

Das bisher mit Blick auf die *petite mort* Gesagte macht in Bezug auf den grossen
Tod zumindest vorsichtig, denn die individuelle wie kollektive Relevanz der
bedürfnisorientierten Imaginationen ist offensichtlich. Dies umso mehr, als der
Tod *sensu stricto* nicht gedacht werden kann, weil nur der Sterbende ihn unmit-
telbar erfährt, darüber aber nichts sagen kann. Es ist unmöglich, den Tod näher
zu bestimmen, sondern er kann von aussen vorerst nur als Zerstörung des
Lebens beschrieben werden, er weist weiter ausgreifende Chronologie oder
Topographie zurück.[15]

Die christliche Tradition ist dieser Sprach- und Reflexionslosigkeit des
Todes mit einer Fülle von Imaginationen und Analgetika begegnet – angefangen
mit der Übernahme der Metapher der Auferstehung. Dass diese Imaginationen
ihrerseits die Gefahr reiner Wunsch-, Sehnsuchts- und Bedürfnisreligion in sich
tragen, liegt auf der Hand. Gerade angesichts des Todes werden Wünsche nach
Trost, Heimat, Geborgenheit und Ganzheit virulent. Dass die dabei entstehen-
den Todesimaginationen auch aus Genderperspektive nie unschuldig sind, ist
banal:

  – So mag es für Thomas von Aquin tröstlich gewesen sein, dass der Tod den
     Eintritt in eine geschlechtslose Existenz verspricht. Dass dieser Trost eine
     problematische Problematisierung der diesseitig gelebten Sexualität und
     entsprechender Geschlechterfestschreibungen generiert, bekommen auch
     (oder: gerade) die nicht Zölibatären besonders zu spüren.
  – So war es sicher auch tröstlich und bediente das Ressentiment Vieler,
     dass in der Tradition des Totentanzes der Tod als Gleichmacher alle tan-
     zend hinwegfegte: von der Königin über den Bischof bis zur leichten
     Dame. Dass damit – abgesehen vom moralisierenden Warnfinger – die
     Verhältnisse auf kollektiver Ebene gleich bleiben konnten, ja diese viel-
     mehr legitimierten, ist offensichtlich.

Es ist ein Leichtes, in religionskritischer Manier im Stile von Feuerbach und
Marx die Bedürfnis- und Wunschstrukturen menschlicher Religiosität mit Blick
auf den Tod als metaphorische Projektionen zu entlarven. Aber damit ist noch
nicht viel gewonnen, oder mit Bernd Beuscher und Dietrich Zilleßen, indem ich
das Wort «Gott» durch «Tod» ersetze: «Insofern die thanatologische (theologische) Rede sich ein Bild vom Tod (von Gott) macht, macht sie sich auch ein Bild

---

15   Siehe hierzu Vladimir Jankélévitch, Der Tod, Frankfurt a. M. 2005. Z. B.: «Der Tote ist *abso-
      lut abwesend*, das bedeutet, er ist anderswo, und zwar nicht anderswo als hier oder dort, sondern
      anderswo als überall, nicht etwa irgendwo, sondern nirgendwo!» (A. a. O., 301).

vom Selbst. Todesentwurf (Gottesentwurf) und Selbstentwurf korrelieren. So gesehen bleibt Thanatologie (Theologie) auf der Ebene des Imaginären und der dabei zugrunde liegenden Bedürfnisse. Aus dem Projektionsmechanismus gibt es kein Entkommen.»[16]

Das heisst auch, dass es nicht darum gehen kann, die Bedürfnisansprüche im Imaginären völlig zu diskreditieren, sondern sie kritisch zu hintersinnen und zuweilen über sie und damit auch über sich selbst zu lachen. Aber das ist nicht alles. Bernd Beuscher und Dietrich Zilleßen mahnen mit Rückgriff auf Jacques Lacan eine theologisch entscheidende Unterscheidung an: «Im Bedürfnis (*besoin*) äussert sich im Rahmen einer imaginär geordneten Welt ein Anspruch (*demande*), der immer auf ein Begehren (*désir*) verweist, das sich von woanders in symbolischer Ordnung meldet.»[17] Dies gilt es im Auge zu behalten.

Bei der *petite mort* hatte ich festgehalten: Der Tod ist mit dem Gedanken einer Ausschweifung zu verbinden. Wir kennen in der christlichen Tradition diese Ausschweifung im Tod: Es ist der Schrei Jesu am Kreuz, wie er bei Markus (Mk 15,37) nachgelesen werden kann: «Da stiess Jesus einen lauten Schrei aus und starb.» Dieser Schrei ist pure, ungerichtete – und ich wage zu behaupten: genderleere – Performanz. Als solcher ist der Schrei prinzipiell offen auf alle Seiten hin, hermeneutisch nicht einzuholen.

Eine mögliche Interpretation: In diesem Schrei äussert sich ein Mangel, eine Lücke, ein Loch. Theologisch gesprochen: Gottverlassenheit als menschliche Kondition: «Mein Gott, mein Gott, warum hast du mich verlassen?» Oder, und diese Spur will ich weiter verfolgen: Im Schrei Jesu entäussert sich ein unstillbares Begehren von woanders als dringlicher, spannungsgeladener Anspruch, d. h. in diesem grossen lauten Schrei (*megalé phoné*) wird ein stummes Begehren laut. Es ist ein Lebensbegehren, das prinzipiell nicht verfügen kann, sondern sich selber unverfügbar bleibt. Dieser Schrei ist Spannung des oszillierenden Begehrens, er ist daher letztlich ein erotischer Schrei im Sinn der Eros-Definition von Alice Pechriggl: «Eros ist die Kunst, diese ihm inhärente Distanz zwischen Mangel und Erfüllung zu überbrücken, ohne sie aufzulösen, denn es geht darum, im Oszillieren des Begehrens die Spannung zu halten.»[18] Die Passion Jesu verdichtet sich in diesem Schrei als veritable *passio*, als Begehren, als Leidenschaft, die dem Leben gilt. Der Tod ist also religiös mit dem Gedanken an eine Ausschweifung als erotische Lebensleidenschaft zu verbinden.

Christliche Religion ist somit eine Form von Lebenserotik: Was sucht ihr den Lebenden bei den Toten, oder: Was sucht ihr das Leben, das Begehren im Tod, in der Todessehnsucht der Wunschreligion? Lasst die Toten die Toten

---

16   Bernd Beuscher / Dietrich Zilleßen, Religion und Profanität, Weinheim 1998, 150.
17   A. a. O., 52.
18   Alice Pechriggl, Eros, Wien 2009, 44.

begraben! Das ist Gegenreligion als erotische Religion, die spannungsgeladen im Unheimlichen, weil Fragwürdigen, des Lebens unterwegs ist, die nicht vorschnell nach imaginärer Behausung schielt, eine erotische Religion, die – theologisch gesprochen – Schöpfungs- und Exodustradition mit-, unter- und gegeneinander ins Spiel bringt, ohne sich auf einer Seite auszuruhen.[19] Denn auf der Ebene des Imaginären, der Projektion ist etwa das Sehnsuchtsbild der Auferstehung nicht viel mehr als gut komponierter spätantiker Kitsch bzw. metaphorisch-bedürfnisorientierte Didaktik, die über den Anderen verfügt, ihn feststellt, sei es auch im Modus der Absenz des leeren Grabes.[20]

Auf der Ebene einer metonymisch-begehrensorientierten, eben: erotischen Didaktik wird die Metapher jedoch ständig verschoben und verweist zurück auf den prinzipiellen Mangel des Lebens selbst, auf seine ebenso todtraurige, freudige wie banale Endlichkeit und Körperlichkeit, auf den Mangel wie den Überfluss im Schrei, der ebenso schmerzlich wie leidenschaftlich offen ist für ein Woandersher.

Aber metonymisch wird die Auferstehungsmetapher auch zu verschieben sein in Richtung Aufschrei, in Richtung Leidenschaft zum (mitunter politischen) Aufstand, zur Provokation ohne vereindeutigenden, ideologischen Drift. Und sie wird zu verschieben sein in Richtung eines begehrenden Aufstehens, das selber nicht mehr zu leisten ist, das nur noch gegeben werden kann. Didaktisch wie methodisch geht es hier z. B. um Bildung von Wortassoziations- und entsprechenden Verschiebungsketten mit Überraschungen, Verwerfungen und Enttäuschungen (vom Schreien zum Aufstand zum Anstand = Kirchengeschichte in Kurzform?):[21]

schreien

anschreien

verschrien

herausschreien

Kampfschrei

Todesschrei

Lustschrei

Angstschrei

---

19   Didaktisch mündet eine solche Theologie in einen experimentellen Ansatz; siehe Bernd Beuscher / Dietrich Zilleßen, Religionsunterricht. Ein experimenteller Ansatz, in: Bernard Grümme u. a. (Hg.), Religionsunterricht neu denken. Innovative Ansätze und Perspektiven der Religionsdidaktik, Stuttgart 2012, 79–89.
20   Vgl. Beuscher / Zilleßen, Religion und Profanität, 151.
21   Siehe in Anlehnung an a. a. O., 156. Wortketten als integraler Teil des Unterrichtskonzepts *religion elementar*: Dietrich Zilleßen / Uwe Gerber, Und der König stieg herab von seinem Thron. Religion elementar, Frankfurt 1997.

Schrein

aufschreien

aufstehen

Aufstand

einstehen

bestehen

herumstehen

verstehen

missverstanden

anstehen

Anstand

Bestand

Stand

stehen

gehen

begehen

begehren

Christliche Religion vertraut also dem Leben im Schrei des Todes als oszillierendes Begehren. Dieses Vertrauen bietet aber keine wohlige religiöse Behausung, sondern ist eine Form von auszuhaltender Spannung, von durchaus unheimlicher wie unstillbarer Erotik eben, wie sie vielleicht die Frauen in Mk 16,8 erleben – in der träfen berndeutschen Übersetzung: «Si hei gschlotteret und sy ganz vergelschteret gsi.» Angesichts des Lebens, nicht des Todes – *nota bene*.

Halten wir fest: 1. Über den Tod als Tod lässt sich eigentlich nichts sagen. 2. Die religiösen Imaginationen des Todes sind allesamt Projektionen, die oft zu viel Heimat und somit zu viel (auch genderrelevante) Verfügung fixieren. 3. Der Tod ist religiös mit dem Gedanken einer Passion / Leidenschaft zu verbinden, die prinzipiell zu wünschen übrig lässt, wie im Schrei Jesu am Kreuz. 4. Die Passion im Tod verweist zurück auf eine religiöse Erotik, auf ein unstillbares Begehren im Leben.

3.   Erotische Religionspädagogik – Gibt es ein Leben vor dem Tod?

Gibt es ein Leben vor dem Tod? So wurde in den achtziger Jahren in Übernahme des Bonmots von Karl Kraus auf eine Berner Wand gesprayt. Dies scheint mir zumindest mit Blick auf Jugendliche die echtere, dringlichere, weil zutiefst fragwürdigere religiöse Frage zu sein als die nach einem Leben nach dem Tod. Ich erinnere an die im internationalen Vergleich notorisch hohen Suizidraten der Jugendlichen dieses Landes, dieses Prototyps einer modernen, kapitalistischen

Dienstleistungs- und heteronom verfügenden Selbstverwirklichungszwangma-
schine im Namen der Freiheit, im Namen eines letztlich hinterhältigen «du
kannst».[22] Offensichtlich ist dieses Leben vor dem Tod für zu viele Jugendliche
und junge Erwachsene unerträglich, der Suizid – ähnlich dem Schrei Jesu – vielleicht eine letzte intensive, begehrend-symbolische Anfrage an dieses Leben
selbst.[23]

Wir hatten gesehen: Der Tod gleichzeitig als Zerstörung einer erotischen
Lebensleidenschaft wie als ein fordernder Rückverweis auf diese Leidenschaft.
Gibt es so etwas wie eine erotisch-religiöse Didaktik für ein Leben vor dem Tod
ohne in die Falle platter evangelikaler *happiness* zu tappen?[24]

Man stelle sich ein klassisches Hochzeitsfoto eines glücklichen amerikani-
schen Brautpaares vor, die Frau in Weiss, der Mann in einer stattlichen Armeeuni-

---

22   Vgl. die Analyse des Übergangs vom Sollen der Disziplinargesellschaft zum Imperativ
des Könnens der Leistungsgesellschaft in: Byung-Chul Han, Müdigkeitsgesellschaft, Berlin
[7]2012, 19–25.

23   Suizid ist die zweithäufigste Todesursache bei Kindern und Jugendlichen in der Schweiz
(10–19-Jährige) und die häufigste Todesursache bei 15–24-jährigen Jugendlichen und jungen
Erwachsenen. Jeden vierten Tag nimmt sich ein Kind, Jugendlicher oder junger Erwachsener in
der Schweiz das Leben. Rund 11 Prozent der Teenager in der Schweiz hegen ernsthafte Todes-
gedanken. 30 Prozent aller Aufnahmen in der Kinder- und Jugendpsychiatrie erfolgen wegen
Suizidhandlungen und Depression; vgl. mit entsprechenden Quellenangaben zum Datenbe-
fund das Factsheet von Pro Juventute: www.projuventute.ch/fileadmin/kundendaten/proju-
ventute/tv-spot/Factsheet_Suizidpraeventionskampagne.pdf (aufgerufen am 02.09.2013).

24   Denn was geschieht genau in der euphorisierenden Eventkultur des Evangelikalen? Bleiben wir im Feld des Vergleichs Religion und Sexualität: Ich nehme Prediger wahr, die über Gott,
Jesus und die Anwesenden als Objekte dreist verfügen, penetrant, ja penetrierend. Dies ist,
wenn überhaupt, blosse Religion ohne Negativität, ohne Geheimnis, ähnlich wie beim blossen
Sex, letztlich ein pompös aufgebretzelter *égoisme à deux* im Pornodesign. Byung Chul Han
schreibt: «Das Obszöne am Porno besteht nicht in einem Zuviel an Sex, sondern darin, dass er
ohne Sex ist.» (A. a. O., Agonie des Eros, Berlin 2012, 40). Genauso in Bezug auf den Evangelikalismus: Das Obszöne am Evangelikalismus besteht nicht in einem Zuviel an Religion, sondern
darin, dass er ohne Religion ist. Zumindest sicher ohne Gegenreligion und somit ohne erotische
Religion im Zilleßen'schen und meinem Sinne. Und so erstaunt es nicht, dass z. B. auf der
Homepage des ICF Zürich ein Kurs gegen Pornosucht angeboten wird, denn offensichtlich gibt
es innerhalb dieser religiösen Organisation viele Pornosüchtige: vgl. www.icf.ch/kurse/
beziehung-zu-mir/pornofrei.html (aufgerufen am 10.03.2013). Dies wiederum erstaunt wenig,
denn Analogien zwischen Evangelikalismus und Pornographie sind auf performativer Ebene
durchaus erkennbar: Die serielle Repetition des immer Gleichen, genderfixierende Rollenbil-
der, Stellungsakrobatik hier, Bibelstellenjonglage da, unendliches gleichlautendes Stöhnen
neben ständigem «Jesus, ich ha di soo gärn», Orgasmusfixiertheit trifft Bekehrungs- und Ergrif-
fenheitsfixiertheit, predigen als *cumshot* und das alles in lauter, gähnender Langeweile ohne
Unheimliches, ohne Nacht, ohne Geheimnis überhaupt. Reine Bedürfnisbefriedigung, kein
Begehren des Anderen, Nullreligion in Zeiten des Kapitalismus, wo alles zur ausgestellten,
konsumierbaren Ware wird.

form als stolzer Angehöriger der US Navy. Sicher erwartet man nicht ein Bild wie *Marine Wedding* von Nina Berman[25]. Eine erotische Religionsdidaktik versucht mit einem solchen Bild irgendwie umzugehen, ohne damit je fertig werden zu können; sie versucht, die Spannung zu halten, zwischen Leben und Tod, zwischen Mangel und Erfüllung, zwischen Verzweiflung und Glaube. Man kann sich in einem solchen Bild nur verfahren, alles bleibt Spurensuche, aber es ist ein Bild, das viele Fragen nach einem Leben vor dem Tod quasi im Angesicht des Todes stellt. Es geht in diesem Bild um Mut, Trotz, Liebe, Überforderung, Krieg und Frieden, um *the beauty and the beast* ohne *happy end*, um Nationalismus, um Genderfixierungen, um die Gottesfrage nicht nur als Theodizeefrage, um staunendes Erschrecken und so weiter und so fort. Mit diesem Bild irgendwie umgehen, es aushalten. Dabei weiss sich eine erotische Didaktik nach Dietrich Zilleßen einigen Vorannahmen verpflichtet, die auch genderrelevant sind:[26] a) Religion befriedigt nicht Wünsche, sondern lässt zu wünschen übrig. b) Voraussetzung hierfür ist (theologisch gesprochen) die Unverfügbarkeit Gottes bzw. (philosophisch gesprochen) die Undarstellbarkeit des Allgemeinen. c) Damit verbunden ist die An-nahme der menschlichen Kondition in Endlichkeit (ihr prinzipieller Mangel), theologisch gesprochen die Rechtfertigung der Gottlosen (der gottlosen Allmachts- und Universalansprüche). d) Gerade die Unmöglichkeit des Universalen öffnet neue Möglichkeitsräume.

Es sind nun diese Möglichkeitsräume, die bei einer erotischen Religionspädagogik im eigentlichen Sinne ins Spiel, ins gendersensible, erotische Lebensspiel zu bringen sind, ausgehend von den Fragen und Fragwürdigkeiten der Jugendlichen, z. B. gegenüber der Fotografie *Marine Wedding*: «Wie kann man so jemanden heiraten? Ich könnte das nicht.» O-Ton einer 15-Jährigen, eine Frage-Aussage, die eine ganze Schullektion füllt. Hier bedarf es eben auch einer Didaktik der Ent-täuschung, der Verunsicherung des eigenen Fundamentalismus des Herzens, der eigenen Bedürfnisreligion, eine solche Didaktik übt den Verlust imaginärer Geborgenheit ein, um nicht einer Todessehnsucht das Spielfeld zu bereiten.[27] Eine solche Didaktik der Enttäuschung, die das Tabu des Absoluten ernst nimmt, die keine Menschen- und Gottesbilder endgültig festschreibt, mün-

---

25   Es zeigt ein Hochzeitsfoto des Irakveteranen Tyler Ziegel (1982–2012) und seiner Frau Renée Kline (*1985). Das Foto wurde zum *World Press Photo* (1. Preis) im Bereich Porträts ausgezeichnet. Zum Schicksal von Tyler Ziegel und Renée Kline vgl. Lars Jensen, Eine Liebe auf dem Land, in: SZ Magazin 28/2008; auch verfügbar über: sz-magazin.sueddeutsche.de/texte/ anzeigen/25463/1/1 (aufgerufen am 04.09.2013); Siehe auch den Nachruf der Fotografin Nina Berman mit weiteren Bildern von Tyler Ziegel: ninaberman.wordpress.com/2012/12/30/tyler-ziegel-1982–2012 (aufgerufen am 04.09.2013).

26   Zilleßen, Gegenreligion, 74.

27   Siehe a. a. O., 77: «Semiotisch orientierte religionspädagogische Didaktik übt auf dieser Grundlage den Verlust imaginärer Geborgenheit ein. Sie hält jede Rückkehr ins Paradies von

Nina Berman,
Marine Wedding, 2006.
© *Nina Berman / NOOR*

det in eine erotische Religiosität. Erotische Religiosität als ausgehaltene bzw. auszuhaltende Spannung im Spiel der Möglichkeitsräume, auch zwischen Tod und Leben / Auferstehung. Dass dabei gerade das von welchen Normierungen auch immer Ausgeschlossene, Fremde, Verfemte, Verdrängte, Unterdrückte und nicht zuletzt das Gegenderte besonderes Augenmerk verdient, liegt auf der Hand.

Die dringliche Frage «Gibt es ein Leben vor dem Tod?» ist dann religiös unbedingt zu bejahen und in Spielräumen erfahrbar zu machen als ein ebenso ge- wie entspanntes Ja zur Endlichkeit und Immanenz, wenn auch stets nur als

Ganzheitlichkeit, von Einheit und Gemeinschaftlichkeit für einen imaginären Trost, der eine Art Todessehnsucht beinhaltet.»

zögerliche Entschiedenheit im prinzipiell Unentscheidbaren, ohne das «du kannst» der Leistungsgesellschaft zu überspannen.[28] In und mit einem solchen spielerischen, experimentellen Lernstil ist begehrender Mut zum Leben einzuüben und zu unterstützen. Gerade wenn man manchmal einfach nicht mehr kann.

---

28   Siehe den Versuch, christliche Religion ohne Transzendenz zu komponieren: Andreas Kessler, immanieren. Skizzen einer Religion der Immanenz Gottes in jesuanischer Tradition. Ein Essay, Hamburg 2012.

Tod und Gender im alten Israel und seinen Nachbarkulturen

Silvia Schroer

Die Erfahrung des Todes ist in der Sicht der alttestamentlichen Verfasser grundsätzlich eine allgemein menschliche, zudem verbindet sie die Menschen- und die Tierwelt. Das Sterbenmüssen als menschliche Constitutio ist im alten Israel nie ein Grund zur Auflehnung oder zum Hader mit Gott geworden, einzig der zu frühe Tod wird mit Vehemenz eingeklagt. Mit dem Tod endet das Leben radikal, es gibt keine Jenseitserwartung. Sogar die Gottesbeziehung endet nach den biblischen Schriften an der Schwelle zur Totenwelt, die nicht zum Herrschaftsgebiet des Gottes Israels gehört. Der Tod konnte jederzeit zuschlagen, er ragte sozusagen immer in das Leben hinein. Dieses Leben war aufgrund von Krankheiten, Hunger und anderen für heutige ZivilisationsbürgerInnen in diesem Mass nicht mehr präsenten Gefahren ausserordentlich fragil. Die durchschnittliche Lebenserwartung lag, wenngleich einzelne Menschen durchaus einmal 70–80 Jahre alt wurden, schätzungsweise bei 30–40 Jahren. Es ist daher nicht verwunderlich, dass der Blick auf das eigene Sterbenmüssen, die Angst vor dem Tod sowie die Erfahrungen und der Umgang mit dem Tod der Nächsten für die alttestamentlichen Schriften ein zentrales und drängendes Thema sind.

So allgemein menschlich Sterben und Tod aus einer grundsätzlichen, anthropologischen Sicht sind, so geschlechtsspezifisch verschieden sind Erfahrungen von Sterben und Tod. Sie spielen sich im Bereich von Rollenzuweisungen ab, sie spiegeln sich in Wahrnehmungen und Reflexionen. Die unterschiedlichen Gendervorzeichen bestimmter Facetten des Todes im Alten Testament bzw. im alten Israel soll der folgende Überblick, der nur eine Auswahl von Aspekten nennen kann, konkretisieren.[29] Bislang sind die Genderaspekte des Todes in der biblischen Tradition noch kaum gründlich untersucht worden.[30]

---

[29] So wäre der gesamte Bereich «Gender und Archäologie» zu berücksichtigen, der noch nicht sehr weitgehend aufgearbeitet wurde; vgl. Julia Müller-Clemm, Archäologische Genderforschung: (K)ein Thema für die Palästina-Archäologie? Ein Forschungsüberblick mit Beispielen zur ‹Archäologie des Todes›: lectio difficilior 2/2001 (www.lectio.unibe.ch/01_2/mc.htm, aufgerufen am 05.02.2014).

[30] Vgl. den Sammelband von Angelika Berlejung / Bernd Janowski, Tod und Jenseits im alten Israel und in seiner Umwelt. Theologische, religionsgeschichtliche, archäologische und ikonographische Aspekte (Forschungen zum Alten Testament 64), Tübingen 2009; darin Irm-

1. Der Tod in der Geburt

Die durchschnittliche Lebenserwartung der Frauen ist im 1. Jahrtausend v. Chr. in Palästina / Israel erheblich niedriger als die der Männer. Der hauptsächliche Grund dafür sind die hohen Risiken von Schwangerschaften und Geburten (Gen 35,16–20; 1Sam 4,19–22; vgl. 2Kön 19,3).[31] Frauen sterben vielfach jung und vor ihren Ehemännern, wie es auch die Erzelternerzählungen voraussetzen (Sara, Rebekka, Rahel; vgl. andererseits Tamar in Gen 38 oder Noomi und Rut, denen die Männer sterben). Der soziale Status der Frauen ist stark an die Mutterschaft, besonders die Geburt von Söhnen, gebunden. So trifft der Tod die Frauen in der Blüte nicht nur ihrer Jahre, sondern auch ihrer sozialen Reife. Die Hingabe an das Leben und an die Gemeinschaft wird radikal vom Tod durchkreuzt. In Aufhebung von Gen 3,16 wird das leichte Gebären zu einer Konkretisierung der Heilszeit (Jes 66,7).

Das Pendant zum frühen Tod der Frau im Kindbett, oft gemeinsam mit ihrem Kind, ist der gewaltsame Tod der Männer im Krieg. Im Kampf um das eigene Leben und das ihrer Nächsten oder Volksgenossen (Überleben, freies Leben) können sie gerade dies Leben verlieren. Tod und Leben prallen hier wie in der Geburt der Frauen unmittelbar aufeinander. Bei der Bereitschaft zur Lebenshingabe spielt die Ehre eine Rolle. Die Souveränitätsformel «Er tötet, er macht lebendig» kann die Gotteserfahrung von Frauen bei der Geburt (1Sam 2,6; vgl. auch Ps 113,9) umschreiben wie auch die Rettungserfahrung im Krieg (Ps 18,28; Dtn 32,39).[32] Diese Nähe kommt auch darin zum Ausdruck, dass Kriegsnöte und Horrorvisionen zukünftiger Drangsal von den Propheten mit Geburtsnöten verglichen werden (Jes 13,6–8; 21,3; Jer 4,31; 6,24; 13,21; 49,22.24; Mi 4,9).

Frauen sind mit dem Tod von Föten, Frühgeburten, Neugeborenen und Kleinkindern in direkterer Weise konfrontiert als Männer (Ex 23,26a; Num 12,12; 2Kön 2,19–22; Hiob 3,16). Den Hebammen kommt von daher eine zentrale Rolle zu. Sie bringen zum Leben und begleiten dabei manches Mal zum Tod (Gen 35,17; 1Sam 4,20). Auch die Kindersterblichkeit ist hoch (2Sam 12,15–25; 2Kön 4; 1Kön 14,1–18). Obwohl der frühe Tod eines Kindes nicht ungewöhnlich ist, verursacht er doch Leid und Weinen (vgl. bildlich Rahels Weinen um ihre Kinder in

---

traud Fischer, Ist der Tod nicht für alle gleich? Sterben und Tod aus Genderperspektive, 87–109. Im Zusammenhang bestimmter biblischer Bücher oder Themenstellungen, die die Todesthematik berühren, gibt es allerdings genderspezifische Untersuchungen wie z. B. Maria Häusl, Bilder der Not. Weiblichkeits- und Geschlechtermetaphorik im Buch Jeremia (Herders Biblische Studien 37), Freiburg i. Br. u. a. 2003.

31   Silvia Schroer / Ruben Zimmermann, Art. Geburt, in: Frank Crüsemann u. a. (Hg.), Sozialgeschichtliches Wörterbuch zur Bibel, Gütersloh 2009, 186–190.

32   Othmar Keel, Die Welt der altorientalischen Bildsymbolik und das Alte Testament. Am Beispiel der Psalmen, Göttingen ⁵1996, 198.

Jer 31,15). So wird in Jes 65,19b–20a.23 die Neuschöpfung von Erde und Himmel konkretisiert mit dem Ende des Sterbens von Säuglingen und Kindern. Schwangere, Gebärende, Mütter und Hebammen suchen den Schutz göttlicher Mächte für Frau und Kind mit Gebeten und mit Amuletten.[1]

2. Gewalt als Todesursache

Frauen und Männer erleiden den Tod häufig in denselben Arenen wie Männer, z. B. bei Krankheit und Altersschwäche, teilweise aber auch in besonderen Arenen.[2] Männer können im Kampf fallen, Frauen aber sind, wenngleich sie selten mit Waffen in das Kriegsgeschehen eingreifen (vgl. aber Ri 9,51–54), Plünderungen, Brandschatzungen, Vergewaltigungen, Verschleppungen ausgesetzt. Gewalt gegen Frauen, ob häusliche Gewalt oder Übergriffe von Fremden, endet manchmal tödlich. Obwohl antikes Kriegsrecht dem Massakrieren von Wehrlosen durchaus Grenzen setzte, sind Frauen nach Ausweis der biblischen Texte verschiedenen Formen von männlicher und oft sexueller Gewalt in spezieller Weise ausgeliefert, bis zum Tod (Ri 19).[3]

Umgekehrt wird von Frauen im Ersten Testament sehr selten erzählt, dass sie physische Gewalt anwenden und töten oder gar morden. Totschlag ist von Kain und Abel an Männersache. Berühmte Ausnahmen sind Jael, die den Sisera erschlägt (Ri 4,17–24), und Judit, die den Holofernes köpft (Jud 13,1–10). In beiden Fällen handelt es sich – aus der Sicht der Texte und der Geschichtsschreibung – um legitime Fälle von Tyrannentötung. Hinzu kommen Frauen, die in der Politik agieren und Widersacher umbringen lassen (Isebel, Atalja) oder ihrem verdienten Schicksal zuführen (Ester). Kriegerische Frauen wie Debora und Jael treten in der alttestamentlichen Literatur das Erbe kriegerischer Göttinnen wie Anat und Astarte an.[4]

---

1 Vgl. dazu beispielsweise die Publikationen von Urs Winter, Frau und Göttin. Exegetische und ikonographische Studien zum weiblichen Gottesbild im Alten Israel und in dessen Umwelt (Orbis Biblicus et Orientalis 53), Freiburg CH / Göttingen ²1987; Othmar Keel, Die Ω-Gruppe. Ein mittelbronzezeitlicher Stempelsiegel-Typ mit erhabenem Relief aus Anatolien-Nordsyrien und Palästina, in: ders. u. a., Studien zu den Stempelsiegeln aus Palästina / Israel II (Orbis Biblicus et Orientalis 88), Freiburg CH / Göttingen 1989, 39–87.
2 Agnes Wuckelt, Sterben Frauen anders als Männer? Todeserzählungen geschlechterspezifisch betrachtet: Bibel und Kirche 61, 2006, 22–26.
3 Vgl. Phyllis Trible, Texts of Terror. Literary-Feminist Readings of Biblical Narratives, Philadelphia 1984, deutsch: Mein Gott, warum hast du mich vergessen! Frauenschicksale im Alten Testament, Gütersloh 1987; Silvia Schroer, Sie glaubten an Gott und das Ende der Gewalt. Frauen und die Gewaltfrage im Ersten Testament: Neue Wege 87, 1993, 168–176.
4 Zu den religionsgeschichtlichen Hintergründen vgl. das Standardwerk von Othmar Keel / Christoph Uehlinger, Göttinnen, Götter und Gottessymbole. Neue Erkenntnisse zur Reli-

Die Todesstrafe, meistens durch Steinigung, seltener durch Pfählen oder Verbrennen, wird im alten Israel für eine Reihe von kultischen und sexuellen Vergehen vorgesehen. Auch hier sind geschlechtsspezifische Unterschiede erkennbar, insofern Frauen häufiger sexueller Vergehen verdächtigt oder angezeigt werden und diesen Anzeigen oft schutzlos ausgeliefert sind, wie beim Eifersuchtsordal (Num 5).[5] Der Tod für Verbrecher, die Verweigerung der Bestattung und Zerstörung des Körpers, kann in Ausnahmefällen auch Frauen treffen, wie die Erzählung vom Tod der Isebel zeigt (2Kön 9,33–37).

3. Frauengräber

Nach Ausweis der Texte obliegt die Bestattungspflicht in erster Linie den Söhnen (vgl. Gen 35,28f.; 47,29f.; 50,12; Tob 14,12) oder dem Ehemann (Gen 23; 35,19f.;

Die reiche Palmyrenerin dürfte nach der Inschrift auf dieser Kalksteinplatte aus einem Grab des 2. Jh. n. Chr. gemeinsam mit dem Knaben, den sie im Arm hält, im Kindbett gestorben sein.
(Zeichnung von U. Zurkinden-Kolberg; Bibel+Orient Museum, Freiburg CH, VFig. 2001.8)

49,31). Nirgends wird berichtet, dass eine Frau ihren Mann oder eine Tochter ihre Eltern begraben hätte. Frauen wurden im Grab der Familie ihres Mannes

---

gionsgeschichte Kanaans und Israels aufgrund bislang unerschlossener ikonographischer Quellen (Quaestiones disputatae 134), Freiburg i. Br. [5]2001.

5   Vgl. aber die differenzierte Gesetzgebung in Dtn 22, die vergewaltigten Frauen eine minimale Chance verschafft, sich gegen das Unrecht überhaupt wehren zu können.

beigesetzt oder auch allein (vgl. Gen 35,8.19 Debora und Rahel; Num 20,1 Mirjam). Nur einmal wird das Grab der Mutter genannt, als der alte Barsillai David bittet, am Heimatort sterben zu dürfen (2Sam 19,38). Interessanterweise gibt es aber wichtige Frauengrabtraditionen. Kaum ein Grab hatte solche Bedeutung wie das Rahelgrab (vgl. Jer 31,15ff.).[6] Noch heute ist das Rahelgrab der Südtradition ein bedeutender Ort für Jüdinnen, die Rahel bei Problemen mit Ehe, Mutterschaft usw. um Unterstützung bitten.[7] Wie von Rahel wird auch von Debora, der Amme Rebekkas, überliefert, dass sie am Ort begraben wurde, an dem sie starb (Gen 35,8), nämlich unterhalb von Betel unter einer Eiche.[8] In den Exodusüberlieferungen werden Mirjam, Aaron und Mose auch an ihren jeweiligen Sterbeorten begraben, aber nur Mirjams Grab ist eindeutig überliefert (Num 20,1). Die Unstimmigkeit ist ein Indiz: Die Familiengrabtradition ist stark patriarchal, während einzelne charismatische Frauengestalten eigene Grabtraditionen zeitigten.

4. Tod durch Suizid – Männersache

Eine besondere Todesart ist der Suizid.[9] Auffälligerweise ist er in der Erinnerung Israels eine reine Männersache. Frauen nehmen sich nie selbst das Leben, sie veranlassen auch nie selbst, getötet zu werden. Die erzählten Geschichten von Suiziden (Ri 9,50–54; 16,30; 1Sam 31,4ff.; 2Sam 1,5ff.; 17,23; 1Kön 16,18ff.; 1Makk 6,43ff.; 2Makk 10,12f.; 14,41ff.; Mt 27,5) sind nicht Geschichten über Menschen, die nicht mehr leben wollen,[10] sondern von Männern, die in äusserster

---

6   Nach den beiden Erwähnungen in Gen 35,19 und 48,7 von der Bestattung Rahels taucht das Grab in 1Sam 10,2 als geheimnisvoller Treffpunkt auf. Es gab eine ältere Nordtradition des Rahelgrabes zwischen Rama und Gibea. Durch den Zusatz zu Efrat «das ist Betlehem» in Gen 35,19 und 47,7 wurden diese Notizen auf die später dominante Südtradition umgepolt.

7   Susan Starr Sered, Rachel's Tomb and the Milk Grotto of the Virgin Mary. Two Women's Shrines in Bethlehem: Journal of Feminist Studies in Religion 2, 1986, 7–22.

8   Vgl. Ri 4,5 die Deborapalme zwischen Rama und Betel auf dem Gebirge Efraim.

9   Zur Selbsttötung in der biblischen Tradition gibt es keine umfassenderen Arbeiten seit Verena Lenzen, Selbsttötung. Ein philosophisch-theologischer Diskurs mit einer Fallstudie über Cesare Pavese, Düsseldorf 1987; James T. Clemons, What Does the Bible Say about Suicide?, Minneapolis 1990; Arthur J. Droge / James Tabor, A Noble Death. Suicide and Martyrdom among Christians and Jews in Antiquity, San Francisco 1992. Genderspezifische Untersuchungen zum Suizid fehlen im gesamten Gebiet der Altertumskunde bislang fast gänzlich; vgl. Catherine Edwards, Death in Ancient Rome, New Haven 2007, bes. 179–206, A Feminine Ending?. Einen Überblick gibt Silvia Schroer / Ruben Zimmermann, Art. Suizid, in: Frank Crüsemann u. a. (Hg.), Sozialgeschichtliches Wörterbuch zur Bibel, Gütersloh 2009, 568f.

10   Lebensmüdigkeit und die Sehnsucht nach dem Tod wird von Männern wie Frauen gelegentlich zum Ausdruck gebracht (Gen 30,1; Num 11,15; 1Kön 19,4; Hiob 3; Koh 4,1–3; Jer 15,10;

Bedrängnis den Weg der Selbsttötung als letzten Ausweg wählen, entweder um ihre Ehre zu wahren oder um mittels Selbstmordattentat ihr Leben als Held oder gar Märtyrer zu beschliessen.[11] Während Griechinnen und Römerinnen (der Oberschicht) in bestimmten Situationen, z. B. nach Vergewaltigung, ebenfalls ihre Ehre durch den Tod retten, greifen die Israelitinnen, soweit die Literatur dies bezeugt, nie zu diesem Mittel. Tamar bekundet nach der Vergewaltigung durch Amnon durch Trauergesten ihren eigenen, sozialen Tod, aber sie nimmt sich nicht das Leben (2Sam 13).[12] Die biblischen Texte über Suizide oder suizidale Absichten im Kontext anderer antiker Kulturen und mit Genderfokus zu lesen, impliziert auch, sich über die Frage nach den Subjekten, Männern oder Frauen, hinaus mit den Genderkonstruktionen zu beschäftigen. Wie wird «Männlichkeit» oder «Weiblichkeit» durch eine Todesart wie den Suizid konturiert oder wie wird darauf Bezug genommen?

5. Die Klage der Frauen

Wie die Frauen für die ganze Sphäre des Eintritts in das Leben zuständig sind, so weisen antike Gesellschaften ihnen auch die Begleitung des Lebensausgangs zu. Es gibt eine komplexe Rollenteilung im Umgang mit Toten, Rituale regeln den Übergang vom Leben zum Tod. Die genderspezifische Forschung zu Trauer und Klage ist in den letzten zwanzig Jahren interdisziplinär sehr vorangetrieben worden. Es fällt auf, dass die Klage im gesamten Mittelmeerraum ein weibliches Gendervorzeichen hat, das sich sowohl an der darstellenden Kunst als auch an den Textzeugnissen ablesen lässt.[13] Die Institution der Klagefrau (Jer 9,17–22) ist,

---

20,14–18; Jona 4,1–8). Es gibt aber beispielsweise keine Anhaltspunkte für Alterssuizid, wie er in anderen antiken Kulturen bezeugt ist (Hartwin Brand, Am Ende des Lebens. Alter, Tod und Suizid in der Antike [Zetemata 136], München 2010).

11 Jan Dietrich spricht von eskapistischer, aggressiver und oblativer Selbsttötung; Jan Dietrich, Der Tod von eigener Hand im Alten Testament und Alten Orient. Eskapistische Selbsttötungen in militärisch aussichtsloser Lage, in: Angelika Berlejung / Raik Heckl (Hg.), Mensch und König. FS Rüdiger Lux (Herders Biblische Studien 53), Freiburg i. Br. u. a. 2008, 63–83; ders., Der Tod von eigener Hand im Alten Testament und Alten Orient, in: Angelika Berlejung / Bernd Janowski (Hg.), Tod und Jenseits im alten Israel und in seiner Umwelt. Theologische, religionsgeschichtliche, archäologische und ikonographische Aspekte (Forschungen zum Alten Testament 64), Tübingen 2009, 177–198.

12 Vgl. ausführlich Ilse Müllner, Gewalt im Hause Davids. Die Erzählung von Tamar und Amnon (2Sam 13,1–22) (Herders Biblische Studien 13), Freiburg i. Br. 1997.

13 Allerdings werden beispielsweise die überlieferten alttestamentlichen Leichenlieder Männern in den Mund gelegt, so Davids Lieder auf Saul und Jonatan (2Sam 1,19–27) oder Abner (2Sam 3,33f.). Dennoch hatte bereits Hedwig Jahnow, Das hebräische Leichenlied (Beihefte zur Zeitschrift für die alttestamentliche Wissenschaft 36), Berlin 1923, mit ihrer ethnologi-

auch wenn beim Verlust von Angehörigen alle Familienmitglieder selbstverständlich Trauer- und Klageriten befolgten, eine typisch weibliche Rolle. Der Grund ist wahrscheinlich, zumindest in Israel, nicht, dass man Frauen die Bereiche des Emotionalen «zuschob», sondern dass Frauen spezielle Kompetenzen im Umgang mit Geburt und Tod hatten. Hier gründete eine gesellschaftliche Autorität, die für die Beschreibung und Rekonstruktion der Religionsgeschichte und der Frauengeschichte Israels von zentraler Bedeutung ist.[14]

Dabei ist zu berücksichtigen, dass der Tod von Menschen durchaus nicht nur «Privatsache» ist, sondern eine öffentliche, ja häufig politische Dimension hat. In der Erzählung von der stillen, protestierenden Trauer der Rizpa in 2Sam 21,10–13 wird diese Dimension kurz und eindrücklich gebündelt.[15] Sie kommt auch zum Tragen, wenn Klagefrauen bei kollektiven Katastrophen, insbesondere dem Untergang ganzer Städte, zum Sinnbild von Demütigung und Verzweiflung der gesamten Bevölkerung werden.[16]

---

schen Sichtweise erkannt, dass die Klage ein Frauenressort war. Der Ansatz von Fokkelien van Dijk-Hemmes / Athalya Brenner, On Gendering Biblical Texts. Female and Male Voices in the Hebrew Bible, Leiden u. a. 1993, ermöglicht es, die *female voices* in den literarischen Gattungen, wie z. B. dem Leichenlied, hörbar zu machen. In der biblischen Literatur hat auch der Protest gegen den vorzeitigen und ungerechten Tod, obwohl Frauen dazu mindestens gleich viel Grund gehabt hätten wie Männer, ein männliches Vorzeichen. Schon die altägyptische und altmesopotamische Literatur kennen das Ringen der leidenden Gerechten, Gespräche mit Gott, Freunden und der eigenen Seele um das Leiden der Gottesfürchtigen. In dieser Tradition steht Hiob, der im gleichnamigen Buch die Weltordnung Gottes und Gottes Interesse am Wohlergehen seiner Frommen massiv in Frage stellt. Die Betroffenheit von Frauen kommt in dieser androzentrischen Sichtweise nur am Rand vor; vgl. Christl Maier / Silvia Schroer, Das Buch Ijob. Anfragen an das Buch vom leidenden Gerechten, in: Luise Schottroff / Marie-Theres Wacker (Hg.), Kompendium Feministische Bibelauslegung, Gütersloh 1998, 192–207.

14   Vgl. dazu ausführlich (und mit Angaben zur Genderforschung in anderen Gebieten der Altertumswissenschaften) Silvia Schroer, Häusliche und außerhäusliche religiöse Kompetenzen israelitischer Frauen – am Beispiel von Totenklage und Totenbefragung: lectio difficilior 1/2002 (www.lectio.unibe.ch/02_1/schroer.htm, aufgerufen am 05.02.2014); dies., Trauerriten und Totenklage im Alten Israel. Frauenmacht und Machtkonflikte, in: Angelika Berlejung / Bernd Janowski (Hg.), Tod und Jenseits im alten Israel und in seiner Umwelt (Forschungen zum Alten Testament 64), Tübingen 2009, 299–321; dies., Biblische Klagetradition zwischen Ritual und Literatur. Eine genderbezogene Skizze, in: Margaret Jaques (Hg.), Klagetraditionen. Form und Funktion der Klage in den Kulturen der Antike (Orbis Biblicus et Orientalis 251), Freiburg CH / Göttingen 2011, 21–38.

15   Elisabeth Miescher, «Und Rizpa nahm den Sack». Trauer als Widerstand. Eine kaum bekannte Heldin der hebräischen Bibel (Bibelstudien 2), Münster u. a. 2008.

16   Vgl. Silvia Schroer, Gender und Ikonographie – aus der Sicht einer feministischen Bibelwissenschaftlerin, in: dies. (Hg.), Images and Gender. Contributions to the Hermeneutics of Reading Ancient Art (Orbis Biblicus et Orientalis 220), Freiburg CH / Göttingen 2006, 107–124.

6. Die Treue zu den Toten

Der Kontakt mit den Toten endet trotz der eindrücklichen Diesseitsbezogenheit der israelitischen Anthropologie und Frömmigkeit nicht absolut an der Schwelle zum Totenreich. Verstorbene, wenngleich Schattenexistenzen, die kein Leben haben, können wertvolles Wissen besitzen, das sich für die Hinterbliebenen als hilfreich oder notwendig erweisen kann, sie können also beraten. Es gab Traditionen der Ahnenbefragung und der Totenbeschwörung (Nekromantie), und wiederum waren hier Frauen vermutlich stärker engagiert als Männer bzw. stellen die Texte dies so dar (1Sam 28; Dtn 18,9–11.14–15; Jes 8,19).[17]

Das Alte Testament definiert den Tod nicht nur physisch, sondern auch sozial. Ein Verstorbener bleibt als Person unter den Lebenden sozial lebendig, wenn er Nachkommen hat und solange sein Name in Erinnerung bleibt und angerufen wird.[18] Nie wird in den alttestamentlichen Texten aber die Namensbewahrung explizit auf Frauen bezogen, vielmehr sind sie oft diejenigen, die sich sehr engagiert für den Erhalt des Namens ihrer verstorbenen Ehemänner einsetzen (Tamar in Gen 38; Rut), womit auch die Sicherung ihrer eigenen Existenz verbunden ist. Der Tod des Partners hatte, schichtenspezifisch verschieden, für eine Israelitin dramatischere soziale Folgen als der Tod der Frau für den Mann. Witwenschaft konnte eine Frau und ihre Kinder in Hunger, Verelendung und Schuldsklaverei stürzen.

7. Stark wie der Tod ist die Liebe (Hld 8,6f.)

Die Todesmetaphorik der hebräischen Bibel ist komplex und voll von Bildern der polytheistischen Vor- und Zeitgeschichte Palästinas / Israels und seiner Nachbarkulturen.[19] Der Tod *mawæt / motu* ist im Hebräischen männlich konno-

---

17   Zur Nekromantie vgl. Josef Tropper, Nekromantie. Totenbefragung im Alten Orient und im Alten Testament (Alter Orient und Altes Testament 223), Kevelaer / Neukirchen-Vluyn 1989. Hinzu kommen die Erzählungen, in denen von den Terafim die Rede ist, die eine Rolle im Ahnenkult der Familien spielten. Auffällig häufig kommen in diesen Erzählungen Frauen als Hauptfiguren vor (Gen 31,19.34f.; Ri 17,5; 18,14.17f.20; 1Sam 19,13.16).

18   Vgl. Silvia Schroer / Ruben Zimmermann, Art. Name, in: Frank Crüsemann u. a. (Hg.), Sozialgeschichtliches Wörterbuch zur Bibel, Gütersloh 2009, 416–420.

19   Vgl. Silvia Schroer, Beobachtungen zur Aktualisierung und Transformation von Totenweltmythologie im alten Israel. Von der Grabbeigabe bis zur Rezeption ägyptischer Jenseitsbilder in Mal 3,20, in: Hubert Irsigler (Hg.), Mythisches in biblischer Bildsprache. Gestalt und Verwandlung in Prophetie und Psalmen (Quaestiones disputatae 209), Freiburg i. Br. u. a. 2004, 290–317.

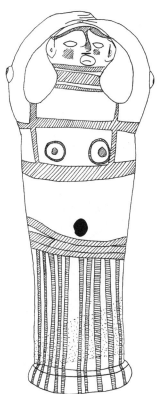

Eine der ältesten Klagefrauen der Kunst stellt diese grosse ägyptische Tonfigur (Höhe 44,5 cm) dar. Figuren dieser Art stammen aus Gräbern, die abgebildete aus Mittelägypten datiert in die 11. Dynastie (um 2000 v. Chr.). (Zeichnung von J. Widmer; Bibel+Orient Museum, Freiburg CH, ÄFig 2007.3)

tiert, das Wort selbst bezeichnet noch in Ugarit einen Gott.[20] Das monotheistische Symbolsystem Israels lässt diesen mythischen Hintergrund nur noch durchscheinen, der Tod erscheint aber vielfach noch stark personifiziert. Seine mächtigste Gegenspielerin ist die Liebe, die wiederum transparent ist auf die altorientalischen Liebesgöttinnen.[21] In Ägypten wie im Vorderen Orient entreissen Göttinnen (Isis, Anat) ihre Partner dem Tod. Der programmatische Vers in Hld 8,6f. «Stark wie der Tod ist die Liebe» bezieht sich auf die Liebe der Frau, die es mit den Mächten des Todes aufnimmt. Die Plausibilität der Aussage ist in der israelitischen Literatur begründet.[22] Es sind hier Frauen, die die mythische

---

20 Stefanie Ulrike Gulde, Der Tod als Herrscher in Ugarit und Israel (Forschungen zum Alten Testament 2. Reihe 22), Tübingen 2007.

21 Othmar Keel, Erotik als Amulett gegen den allgegenwärtigen Tod. Die Lebensmetaphorik des Hohenliedes im Spiegel israelitischer Siegelkunst, in: Martin Ebner u. a. (Hg.), Leben trotz Tod (Jahrbuch für Biblische Theologie 19), Neukirchen-Vluyn 2004, 49–62.

22 Silvia Schroer, Liebe und Tod im Ersten (Alten) Testament, in: Peter Rusterholz / Sara M. Zwahlen (Hg.), Liebe und Tod. Gegensätze – Abhängigkeiten – Wechselwirkungen, Bern u. a. 2006, 35–52.

Widerständigkeit der Göttinnen gegen den Tod auf ihre irdische Weise weiter-praktizieren, Leben ertrotzen, wo der Tod schon seine Hand ausstreckt (Gen 19, 30–38; Gen 38; Ex 1; Jos 2; 1Sam 19,8–17; 2Sam 20,14–22; 21,8–14; vgl. auch Ester und Judit). Erzählungen der hebräischen Bibel stellen Frauen gern als Kämpfe-rinnen für das Leben, manchmal auch als Fluchthelferinnen und Lebensretterin-nen dar. Im Neuen Testament übernehmen die Jüngerinnen nach Jesu Tod diese Rolle. Es ist kein Zufall, dass Tamar und Rut (Mt 1) im Stammbaum Jesu erschei-nen. Der Evangelist erkannte in ihnen Ahnfrauen des Nazareners, dessen Liebe zum Leben den Tod in ganz unerhörtem Mass provozierte.

Die Todesmacht ist also in der biblischen Tradition eher männlich assozi-iert, die Gegenkräfte stärker weiblich. Die Erde jedoch wird mit dem Schoss einer Erdgöttin in Verbindung gebracht, in den hinein die Toten wie in den Mut-terschoss, aus dem sie herausgekommen sind, wieder zurückgehen (Hiob 1,21).[23] Im Gegenzug werden in der späteren Literatur misogyne Ansichten greifbar, die der weiblichen Stärke im Umgang mit dem Tod entgegenhalten, dass «die» Frau für die *conditio humana* der Sterblichkeit die Urschuld trage, wie es Jesus Sirach (25,24) in Auslegung von Gen 3 formuliert: «Durch eine Frau kam der Tod in die Welt, und ihretwegen müssen wir alle sterben.»[24]

---

23   Vgl. Othmar Keel, Die Ω-Gruppe.

24   Helen Schüngel-Straumann, Von einer Frau nahm die Sünde ihren Anfang, ihretwegen müssen wir alle sterben (Sir 25,24). Zur Wirkungs- und Rezeptionsgeschichte der ersten drei Kapitel der Genesis in biblischer Zeit: Bibel und Kirche 53, 1998, 11–20.

Zeichenhaftes Sterben – Deutungen des Todes von Frauen und Männern am Beispiel des Martyriums

Angela Berlis

In den frühen 1970er Jahren wurden in einer Schulklasse in Texas zwölfjährige Schülerinnen und Schüler im Katechismusunterricht dazu aufgefordert, sich eine bestimmte Person aus der Kirchengeschichte zu wählen, um sich näher mit ihr zu beschäftigen. Die Kirchenhistorikerin Elizabeth A. Castelli, eine der damaligen Schülerinnen, erinnert sich: Während die Jungen ihrer Klasse leicht auffindbare und vorhersagbare Personen wie Paulus, Antonius, Petrus oder Thomas wählten, sie kurz beschrieben und sich danach schnell wieder einer Freizeitbeschäftigung zuwandten, nahmen die Mädchen den Auftrag viel ernster. Die ausgewählten Namen waren oft die eigenen oder solche, die von Heiligenfesten bekannt waren: Luzia, Agatha … Am beliebtesten waren solche Geschichten, die von tapfer ertragener Folter handelten und vom Tod, dem heroisch getrotzt wurde. «Ihre Lebensgeschichten waren nicht unsere, aber wir konnten uns im Glanz ihrer Ehre sonnen, indem wir ihre Namen übernahmen und ihre Geschichten in unsere Hefte eintrugen.»[25] Dieser Prozess der sich wiederholenden Einschreibung solcher Geschichten in die kollektive Erinnerung geschieht seit dem Beginn der Christentumsgeschichte. Dass die Erzählungen über Martyrien sich bei allen unterschiedlichen Foltermethoden und Todesarten strukturell gleichen, ist dabei kein Problem, sondern wird zum Aufweis ihrer grundsätzlichen und über den zeitgenössischen Kontext hinaus wirkenden Wahrheit. Die Geschichten enthalten die Verheissung, dass das Opfer des eigenen Lebens einen Sinn haben kann und dass am Ende aller Gewalt und trotz allen Leidens der Sieg der Schwachen und Unschuldigen steht. Diese Dynamik der Geschichte der Märtyrerin, des Märtyrers und ihrer kontinuierlichen Interpretation durch die Geschichte hindurch ist auch bei den Schülerinnen wirksam, sie kann in ihr Leben eingeschrieben werden. So trägt sie bei zur Formierung ihrer individuellen Identität und ihrer gegenwärtigen Geschichte, die in Bezie-

---

25 Elizabeth A. Castelli, Martyrdom and Memory. Early Christian Culture Making, New York 2004, 3. Das Zitat lautet im Original: «Their lives were not ours, but we could bask in their reflected glory by taking their names and copying out their stories into our notebooks.»

hung gesetzt wird zur sozial konstitutierten Erinnerung an eine längst vergangene Zeit.[26]

In diesem Beitrag will ich der Frage nachgehen, in welcher Weise ein Martyrium als Medium der Konstruktion von Weiblichkeit oder Männlichkeit angesehen werden kann. Jeder Tod, in welcher Form auch immer er angezeigt, beschrieben oder besungen wird, ist ein gedeuteter Tod. Es soll anhand von Beispielen aus der Antike und der Neuzeit aufgezeigt werden, in welcher Weise der Tod von Frauen und Männern im Laufe der Kirchengeschichte aufgrund ihres Geschlechts gedeutet wurde. Auch die Frage, inwieweit dieses Gendering des Sterbens ebenso auf das *gute* Sterben von Männern und Frauen angewendet wurde, soll angeschnitten werden.

1.   Nordafrika, 3.–5. Jahrhundert: Das Martyrium der Perpetua und Felicitas ...

Die frühe Kirche verehrte Männer und Frauen, die in der Nachfolge Christi ihr Leben liessen, als Märtyrer und Märtyrerinnen. Das römische Strafrecht kannte keine Ausnahmeregelungen für Frauen. Sie wurden in gleicher Weise verhört, allerdings of kürzer, und gaben auch kürzere Antworten. Man ging davon aus, dass Frauen sich nicht selbstständig, sondern unter dem Einfluss von Männern zum Erdulden des Martyriums entschlossen hatten. Das Strafmass unterschied sich nicht, doch konnten Frauen auch zur Prostitution freigegeben und damit entehrt werden. Insgesamt wurden weniger Frauen verurteilt als Männer; ihre Standhaftigkeit und Leidensfähigkeit wurde in der zeitgenössischen Literatur bewundert, aber bisweilen auch mit schwarzer Magie in Verbindung gebracht.[27] Die Kirche entwickelte eine Theologie des Martyriums, in welcher dieses als zweite Taufe, als Bluttaufe angesehen wurde; das frühchristliche Taufbekenntnis «in Christus ist nicht mehr Mann und Frau» (Gal 3,28) wurde zur Aufhebung bzw. Einebnung der Geschlechterunterschiede herangezogen.

---

26   Castelli, Martyrdom and Memory, 4. Das Zitat lautet im Original: «Reinscribing those dynamics within the context of the sacramental cycle in the religious narratives of our lives, we reconstituted our individual identities and our stories about the present in relation to this socially constituted memory of the distant past.»

27   Vgl. zum Folgenden Anne Jensen, Gottes selbstbewusste Töchter. Frauenemanzipation im frühen Christentum?, Freiburg i. Br. / Basel / Wien 1992, 178–253; Eva Elm, Weibliches Martyrium – frauenspezifische Verfolgung – frauenspezifische Visionen?: Pegasus-Onlinezeitschrift 6 (2006), Nr. 1, 17. Die Zeitschrift ist im Internet zu finden unter: www.pegasus-onlinezeitschrift. de/2006_1/erga_1_2006_elm.html, (aufgerufen am 02.09.2013). Vgl. auch Stuart G. Hall, Women among Early Martyrs, in: Diana Wood (Hg.) Martyrs and Martyrologies. Papers Read at the 1992 Summer Meeting and the 1993 Winter Meeting of the Ecclesiastical History Society, Oxford 1993, 1–23; Chris Jones, Woman, Death, and the Law During the Christian Persecutions, in: a. a. O., 23–35.

Wer im Martyrium starb, genoss hohe geistliche Autorität – unabhängig von sozialem Stand und Geschlecht. So erlitt etwa die Sklavin Blandina gemeinsam mit ihrer Herrin im Jahr 177 in Lyon den Märtyrertod, indem sie, nach mehreren durchstandenen Folterungen, schliesslich am Ende in Imitation der Kreuzigung Christi am Kreuz erhängt wurde.[1] Blandina wird mit der makkabäischen Mutter von sieben Söhnen (2Makk 7) verglichen, die deren Tod mitansehen muss, bevor sie selbst ermordet wird. Über diese «Mutter der Gemeinde» wird ausführlicher berichtet als über den Bischof und über ihre Herrin. Unerschütterlich hielt Blandina fest an der Hoffnung auf die Auferstehung und besiegte den Tod: Dadurch wurde sie zum *alter Christus*, einem zweiten Christus. Während Blandina erst in den letzten Jahrzehnten wieder zu grösserer Bekanntheit gelangte (nicht zuletzt durch die Publikationen der Patristikerin Anne Jensen), standen Perpetua und Felicitas seit jeher in hohem Ansehen und wurden verehrt. Die gebildete Römerin Vibia Perpetua aus der karthagischen Oberschicht und ihre Dienerin Felicitas starben zusammen mit drei Männern am 7. März 203 in der Arena von Karthago. Beide Frauen waren verheiratet. Perpetua hatte ein kleines, noch nicht abgestilltes Kind; Felicitas brachte während des Prozesses ein Kind zur Welt. Von Perpetua sind ihre bis zum Tag ihrer Hinrichtung reichenden Aufzeichnungen («Passio Perpetuae et Felicitatis») überliefert, die, um den Martyriumsbericht ergänzt, tradiert wurden.[2]

Die Forschung ist sich einig, dass die Märtyrerverehrung wesentlich «zur Identitätskonstitution christlicher Gemeinden beigetragen»[3] hat. Nicht Folter oder Verfolgung konstituieren einen Märtyrer oder eine Märtyrerin, sondern der Kampf für die gerechte Sache. Der standfeste Charakter des Märtyrers und der Märtyrerin verweist auf (den Geist von) Christus, der in ihnen anwesend ist. Die Kirche empfiehlt sich ihrem Gebet; er oder sie werden Vorbild zur Nachahmung,

---

1   Eusebius, Historia Ecclesiastica 1.41–42. Vgl. zu ihr und zum Folgenden: Jensen, Gottes selbstbewusste Töchter, 195–200.

2   Vgl. zum Text: Ich bin Christ. Frühchristliche Märtyrerakten. Übertragen und erläutert von Oda Hagemeyer OSB / Basilissa Hürtgen OSB, Düsseldorf 1961, 90–110, auch im Internet zu finden unter: ivv7srv15.uni-muenster.de/mnkg/pfnuer/martyrium-felicitas.html (zuletzt aufgerufen am 01.5.2013). Vgl. ausserdem die umfangreiche Studie mit Textausgabe (lateinisch und griechisch), Übersetzung (englisch) und Kommentar: Thomas J. Heffernan, The Passion of Perpetua and Felicity, Oxford 2012. Zur Autorinnenschaft vgl. Maureen A. Tilley, The Passion of Perpetua and Felicity, in: Elizabeth Schüssler Fiorenza (Hg.), Searching the Scriptures, Bd. 2: A Feminist Commentary, London 1995, 832–858, hier 832–836.

3   Johan Leemans, Flexible Heiligkeit. Der Beitrag der Märtyrer zur Identitätskonstitution christlicher Gemeinden im griechischen Osten im 4. Jahrhundert, in: Peter Gemeinhardt / Katharina Heyden (Hg.), Heilige, Heiliges und Heiligkeit in spätantiken Religionskulturen, Berlin / Boston 2012, 205–227, 226. Vgl. zudem ders. (Hg.), More than a Memory. The Discourse of Martyrdom and the Construction of Christian Identity in the History of Christianity (Annua nuntia Lovaniensia 51), Leuven / Paris / Dudley, MA 2005.

in seinen bzw. ihren Reliquien sind er bzw. sie im Leben der Gemeinde greifbar
gegenwärtig.

2.   ... in der Auslegung des Augustinus

In diesem Beitrag geht es um die *Deutungen* des Todes von Frauen (und Männern) in verschiedenen Perioden der Christentumsgeschichte. Deshalb steht hier
nicht der Text der *Passio* im Mittelpunkt – sie ist obendrein in den letzten Jahren
unter verschiedenen Aspekten, auch dem von Gender, vielfach interpretiert
worden[4] –, sondern eine Predigt des Bischofs von Hippo, Augustinus, die er
zum Märtyrerinnengedenken am 7. März eines Jahres zwischen 400 und 420 in
seiner Kathedrale in Hippo oder in Karthago gehalten hat, wo Perpetua und
Felicitas etwa 200 Jahre zuvor ermordet worden waren. Da Augustinus bereits
zu Lebzeiten ein sehr bekannter Prediger war, wurden viele seiner Predigten
aufgezeichnet, kopiert und weit verbreitet. Dies gilt auch für die folgende Predigt (sermo 282), die erst 2007 in Erfurt in vollständiger Form wiedergefunden
und bisher nicht in deutscher Sprache veröffentlicht worden ist.[5] Augustinus
hat mehrfach über Märtyrerinnen und über Perpetua und Felicitas gepredigt.[6]
   Der liturgische Kontext ist folgender: Am Hinrichtungstag der Märtyrerinnen und Märtyrer, ihrem «Geburtstag», wurde der Sieg über den Tod gefeiert.
Zuerst wurde in der Eucharistiefeier die von Perpetuas Hand stammende *Passio*
in voller Länge vorgelesen, dann der Bericht über das Leiden und Sterben der
Märtyrer. Darauf folgte die Predigt. Insgesamt bot ein solcher Gottesdienst eine
Gelegenheit zu jubelndem Gedenken: die Märtyrer sollten den versammelten
Gläubigen als Vorbilder der Nachfolge dienen.

---

4   Vgl. Jan N. Bremmer / Marco Formisano (Hg.), Perpetua's Passions. Multidisciplinary
Approaches to the Passio Perpetuae et Felicitatis, Oxford 2012.
5   Bis 2007 war nur der Rahmen der Predigt (Kap. 1, Teile von Kap. 2 und Kap. 6) bekannt.
Vgl. Dorothee Elm von der Osten, Perpetual Felicity: Sermons of Augustine on Female Martyrdom (s. 280–282 auct. [Erfurt 1]): Studia Patristica 49 (2010), 203–209, 203. Die in Erfurt gefun-
dene Predigt s. 282 (s. steht für *sermo* = Predigt) ist in einer textkritischen Ausgabe in lateinischer
Sprache veröffentlicht. Vgl. Isabella Schiller, Dorothea Weber, Clemens Weidmann, Sechs neue
Augustinuspredigten: Wiener Studien 121 (2008), 227–284, hier 260–264.
6   Drei seiner Predigten (s. 280, 281 und 282) über Perpetua und Felicitas sind erhalten; von
weiteren wird deren Authentizität bezweifelt. Vgl. Dorothee Elm von der Osten, Perpetua Felicitas. Die Predigten des Augustinus zur Passio Perpetuae et Felicitatis (s. 280–282), in: Therese
Fuhrer (Hg.), Die christlich-philosophischen Diskurse der Spätantike. Texte, Personen, Institutionen, Stuttgart 2008, 273–298. Vgl. ausserdem Kenneth B. Steinhauser, Augustine's Reading of
the Passio sanctarum Perpetuae et Felicitatis: Studia Patristica 33 (1997), 245–249; Elena Martin,
Physical Infirmity, Spiritual Strength. Augustine's Female Martyrs: Studia Patristica 39 (2010),
211–215.

Augustinus verknüpft in seiner Predigt (s. 282) beide Märtyrerinnen mit einem Wortspiel. Perpetua und Felicitas ragen hervor unter den an diesem Tag (7. März) gefeierten Märtyrern. Schon ihre Namen verweisen auf den Lohn aller anderen Märtyrer: es gibt keine *felicitas* (Glückseligkeit) ohne *perpetua* (die Ewige), keine *perpetua* ohne *felicitas*.[7]

> 1. [...] Die Namen der beiden sind Perpetua (Ewige) und Felicitas (Glückseligkeit), aber der Lohn gehört allen. Denn nur deswegen haben alle Märtyrer im Kampfe des Bekennens und Leidens jeweils tapfer gelitten, um sich ewiger Glückseligkeit zu erfreuen. Unter der Führung der göttlichen Vorsehung mussten sie nicht nur Märtyrerinnen, sondern, wie geschehen, engste Gefährtinnen sein, so dass sie einem Ehrentag den Namen und den Nachfahren ein gemeinsames Fest zum Feiern schenkten. Denn wie sie uns durch das Beispiel ruhmreichen Wettstreites zur Nachahmung mahnen, so bezeugen sie uns mit ihren Namen, welch davon untrennbare Aufgabe wir zu übernehmen haben. Perpetua nützt nichts, wenn es Felicitas nicht gibt, und Felicitas würde fehlen, wenn es Perpetua nicht gäbe. Dieses Wenige genüge zu den Namen der Märtyrerinnen, unter denen uns dieser Tag geweiht ist.

Perpetua und Felicitas sind nicht nur «weibliche Wesen mit viel Tugend und Verdienst» (2. Abschnitt), sondern Frauen; eine ist vor kurzem Mutter geworden. Dies zeigt ihre Verletzlichkeit. Umso grösser ist ihre Vorbildlichkeit für die Hörenden, und zwar für alle, unabhängig von deren Geschlecht: «Nehmt euch ein Beispiel an dem Glauben, an der Tapferkeit, der Geduld [und] der Frömmigkeit – ihr Ehelosen an der Mutter, ihr jungen Leute an den Weibern, ihr Jungfrauen an den Frauen!»

Obwohl also Vorbild für alle Gläubigen, muss Augustinus dennoch immer wieder auf das Geschlecht der beiden zu sprechen kommen, die das Martyrium erlitten haben:

> 3. Dass sie im Dienste des Königs Christus, nur ganz leicht gegürtet, keiner Widrigkeit wichen – nicht gehemmt als schwächeres Geschlecht, nicht entnervt durch Weibergedanken, nicht durch eine blendende Welt verweichlicht, unerschrocken vor Drohungen – als weibliche Wesen heissen Herzens, *als Frauen mannhaft*[8], als zarte Wesen hart, als Schwache tapfer gekämpft haben, [dadurch] haben sie mit dem Geist das Fleisch besiegt, mit der Hoffnung die Furcht, den Teufel mit dem Glauben, die Welt mit der Liebe.

---

7   Alle folgenden Zitate entstammen – sofern nicht anders angegeben – dieser Predigt (s. 282), die im Anhang in der Übersetzung von Hubert Huppertz (Everswinkel) vollständig abgedruckt ist. Die Zahlen verweisen auf die Abschnitte.

8   Auf Lateinisch steht hier *feminae ardenter, mulieres viriliter*. Schiller, Weber, Weidmann, Sechs neue Augustinuspredigten, 262. [Hervorhebung A. B.].

Die Mannhaftigkeit der Frauen, die Kraft der Schwäche macht das von ihnen Errungene nur stärker. Durch ihr standhaftes Bekenntnis zu Gott, das mit der Ablehnung des Götzenkultes und der furchtlosen Aufopferung ihres Körpers einhergeht, sind Perpetua und Felicitas zu «Soldaten Christi» (milites Christi) geworden.[9] Ihr triumphaler Sieg (den sie nicht durch Töten, sondern durch Sterben errungen haben) wird mit der leiblichen Auferstehung belohnt werden. Die Verwandlung Perpetuas in einen Mann (4. Abschnitt) – die Augustinus durch den Hinweis auf die Mannhaftigkeit und auf das Soldatsein vorbereitet hat – legt der Prediger ganz im Rahmen der Tauftheologie aus: Perpetua, die als Taufanwärterin in Haft genommen und während der Gefangenschaft getauft wird, wird in der Taufe «mit Christus bekleidet» und geht dem Gottessohn, dem vollkommenen Mann, entgegen. Für die Beschreibung dessen, was in der Arena geschieht, greift Augustinus die Symbolik der Taufe auf (die ja neben Ent- und Bekleidung immer auch die Absage an Satan enthält):

> 4. In diesem Kampfe besiegte Perpetua, wie es ihr durch eine Vision offenbart worden war, in einen Mann verwandelt den Teufel; sie wurde der Welt entkleidet und mit Christus bekleidet, ging in der Einheit des Glaubens und der Anerkennung des Gottessohnes dem vollkommenen Manne entgegen und wurde an seinem Leib ein vorzügliches Glied, wofür sie den ganzen Körper abgeworfen hatte, nicht nur ein Glied.

In einen Mann verwandelt, besiegt Perpetua einen dunkelhäutigen Ägypter. Diese berühmte Vision erfüllt sich real im Sieg über den Teufel.[10] Perpetua wird in den Leib Christi aufgenommen als «vorzügliches Glied» (membrum praecipuum): Mit ihrem Martyrium erfüllt sie ihre Taufe.

Nun kommt Augustinus auf Felicitas zu sprechen (5. Abschnitt). Sie sei in diesem Kampf «nicht durch die Last ihrer Gebärmutter behindert» gewesen. Denn sie sei in zweifacher Weise schwanger gewesen, körperlich und im Herzen: Diese Schwangerschaft habe sie aufgrund göttlicher Beiwohnung erhalten, die andere in menschlicher Ehe. Vor ihrer leiblichen Niederkunft wurde sie durch ihr Bekenntnis Mutter des himmlischen Menschen. Augustinus verbindet hier Schwangerschaft und Martyrium miteinander.

---

9   Die folgenden Aussagen über das standhafte Bekenntnis der Märtyrerinnen zu Gott und über die Vision Perpetuas sind nicht in der früher bekannten, kürzeren Version der Predigt, sondern nur in der 2007 in Erfurt aufgefundenen Predigt erhalten.

10   Vgl. Peter Habermehl, Perpetua und der Ägypter oder Bilder des Bösen im frühen afrikanischen Christentum. Ein Versuch zur Passio sanctarum Perpetuae et Felicitatis, 2., überarbeitete Auflage, Berlin / New York 2004. Vgl. ausserdem: Marie-Louise von Franz, Die Passio Perpetuae. Versuch einer psychologischen Deutung, in: Carl Gustav Jung, Aion. Untersuchungen zur Symbolgeschichte, Zürich 1951, 387–496.

Dass es sich um zwei Frauen handelt, die das Martyrium durchschritten haben, ist für Augustinus keine Nebensache, sondern von höchster Bedeutung: theologisch versucht er Frausein und Martyrium in ihrer Wechselwirkung zu deuten. Sachlich fühlt er sich genötigt, am Ende der Predigt darauf hinzuweisen, dass am 7. März nicht nur die beiden Frauen, sondern auch drei Männer das Martyrium erlitten. Es ist erklärungsbedürftig, warum der Festtag nach den Frauen benannt ist:

> 6. In dieser höchst ehrenwerten Gesellschaft gab es auch Männer als Märtyrer; an demselben Tag siegten auch Männer in härtestem Leiden; dennoch haben sie ebendiesen Tag nicht mit ihren Namen markiert. Das geschah nicht deswegen, weil die Ehefrauen den Gatten an Würde vorgehen, sondern weil die schwache Frau den erbitterten Feind durch ein noch grösseres Wunder besiegte und männliche Tugend für ewige Glückseligkeit stritt.

Mit diesem Hinweis auf die «ewige Glückseligkeit» (*perpetua felicitas*) beendet Augustinus seine Predigt. Es ist mehr als ein Wortspiel, es ist eine eschatologische Aussage.

Gender ist in dieser Predigt von allergrösster Bedeutung. Erstens geht Augustinus (auch in anderen Predigten zum Thema) davon aus, dass Frauen das schwächere Geschlecht sind, dass aber die Kraft des Geistes (*virtus mentis*[11]) stärker ist als der weibliche Körper. Das Geschlecht der Märtyrerinnen ist irrelevant, insofern «die Weiblichkeit des Körpers von der *virtus* des Geistes überblendet» ist.[12] Für Augustinus gilt: «Dem inneren Menschen nach zu urteilen gibt es weder Mann noch Frau.»[13] Die Passio beschreibt, wie Perpetua in ihrer letzten Vision zum Mann wird, der gegen den Ägypter kämpft. Die Mann werdende Märtyrerin ist auch bei anderen Autoren ein Topos (z. B. in Predigten von Johannes Chrysostomus und Basilius von Caesarea).[14] Diese Vorstellung steht meist im Kontext der Versöhnung, der Taufe oder der Auferstehung. Castelli zufolge legt Perpetua auf dem Weg zur Arena die kulturellen Attribute des weiblichen Körpers ab (sie trennt sich von ihrem Kind, die Milch ihrer Brüste trocknet aus), um sich am Ende in den Körper eines Mannes zu transformieren.[15] Augustinus

---

11   *Virtus* im Lateinischen sowie αρετη im Griechischen sind grammatisch weiblich. *Virtus*, d. h. «Mannheit», hat allerdings eine stark männliche Konnotation wegen des damit verbundenen Tugendideals von männlicher Kraft.

12   Elm von der Osten, Die Predigten des Augustinus, 289.

13   Sermo 280, 1, zitiert nach: Elm von der Osten, Die Predigten des Augustinus, 289.

14   Vgl. Elm von der Osten, Perpetual Felicity, 206.

15   Vgl. Elizabeth Castelli, «I Will Make Mary Male». Pieties of Body and Gender Transformation of Christian Women in Late Antiquity, in: Julia Epstein / Kristina Straub (Hg.), Body Guards. The Cultural Politics of Gender Ambiguity, New York / London 1991, 29–49, 35. Silke

gelingt es in seiner Predigt, das Aussteigen aus konventionellen Weiblichkeits-
zuschreibungen am Beispiel der Märtyrerinnen als christliche Tugend zu defi-
nieren.[16]

Zweitens wird in Augustinus' Predigten, ähnlich wie in griechischen Homi-
lien, das Martyrium in der Regel mit sexueller Askese in Verbindung gebracht.
Kurz gesagt: Der ideale christliche Märtyrer ist jungfräulich.[17] Die Gottesdienst-
gemeinde, die die Märtyrerakten vor der Predigt vorgelesen bekommt, ver-
nimmt aber, dass keine der beiden Frauen Jungfrau ist. Es ist auffällig, dass
Augustinus hier nicht das Motiv der heroischen makkabäischen Mutter einbezieht, die den Tod ihrer Söhne durchsteht. Stattdessen greift er in seiner Predigt
(s. 282) den Gedanken der Geburt als Martyrium auf: Neben dem «Martyrium
der Geburt» erfolgt die Hinrichtung antithetisch geradezu schmerzlos.[18]

Perpetua und Felicitas sind schon während ihres Kampfes gegen ihre
Feinde auf dem Weg in die ewige Glückseligkeit, wo das Geschlecht keine Rolle
mehr spielt.[19]

Augustinus' Predigt ist ein Beispiel dafür, wie stark bei der Deutung des
Todes von Frauen Genderkategorien ins Spiel kommen. Dabei bleibt es ein Para-
dox, dass die Bedeutung ihres Martyriums durch die Hervorhebung ihres
Geschlechts noch gesteigert werden kann. Gleichwohl muss festgehalten werden, dass Perpetua und Felicitas in der Nachfolge Christi Vorbilder für alle
Gläubigen ohne Rücksicht auf deren Geschlecht waren. Im Mittelalter verschob
sich die Verehrung Perpetuas und Felicitas' markant: die Passio ging verloren
(sie wurde erst 1663 wiedergefunden). Die mittelalterliche Perpetua-Legende,
wie sie etwa in der Legenda aurea tradiert wird, basierte auf den Märtyrerakten
(Acta) in verkürzter und korrumpierter Form, stellte Perpetuas Mitmärtyrer
Saturninus in den Vordergrund und formte entsprechend hagiographischer Klischees Perpetua zur Mutter, die ihre ganze Familie verlässt.[20]

Der Tod, insbesondere der gewaltsame Tod durch Suizid und Hinrichtung,
kann (mit Elisabeth Bronfen und Peter Burschel) als ein Ereignis gesehen wer-

---

Petersen kommt zu dem Schluss: «Perpetuas Aufzeichnungen lassen erkennen, wie eine antike
Frau bis in ihre Träume hinein von den Hierarchisierungen der antiken Geschlechtermetaphorik geprägt war.» Silke Petersen, «Zerstört die Werke der Weiblichkeit!». Maria Magdalena,
Salome und andere Jüngerinnen Jesu in christlich-gnostischen Schriften, Leiden / Boston 1999,
332.

16   Vgl. Elm von der Osten, Die Predigten des Augustinus, 298.

17   Auch Augustinus sieht das so, etwa in seinem Traktat über die Jungfräulichkeit. Vgl. auch
Elm von der Osten, Perpetual Felicity, 207.

18   5. Abschnitt. Vgl. Elm von der Osten, Perpetual Felicity, 208.

19   Elm von der Osten, Perpetual Felicity, 209.

20   Vgl. Julia Weitbrecht, Maternity and Sainthood in the Medieval Perpetua Legend, in:
Bremmer / Formisano (Hg.), Perpetua's Passions, 150–166.

den, anhand dessen kulturelle Normen verhandelt werden.[21] Dies sollen weitere Beispiele aus der frühen Neuzeit verdeutlichen.

3. Mystisches weibliches Martyrium im 16. Jahrhundert …

Wer die Kirche Santa Maria della Vittoria in Rom betritt, wird mit der dreieinhalb Meter hohen Frontalskulptur Giovanni Lorenzo Berninis konfrontiert, die der Künstler 1645–1652 in Cararamarmor gemeisselt hat. Die «Verzückung der heiligen Teresa» greift das mystische Martyrium auf, das Teresa von Avila (1515–1582),[22] Reformerin des Karmels und Gründerin des Unbeschuhten Karmels, in ihrer Autobiographie als Begegnung mit einem Engel beschreibt, der ihr «einen langen goldenen Pfeil mit Feuer an der Spitze» ins Herz stösst.

> Es schien mir, als stieße er ihn mehrmals in mein Herz, ich fühlte, wie das Eisen mein Innerstes durchdrang, und als er ihn herauszog, war mir, als nähme er mein Herz mit, und ich blieb erfüllt von flammender Liebe zu Gott. Der Schmerz war so stark, daß ich klagend aufschrie. Doch zugleich empfand ich eine so unendliche Süße, daß ich dem Schmerz ewige Dauer wünschte. Es war nicht körperlicher, sondern seelischer Schmerz, trotzdem er bis zu einem gewissen Grade auch auf den Körper gewirkt hat; süßeste Liebkosung, die der Seele von Gott werden kann.[23]

Spätere Autoren haben diese Ekstase als Hysterie oder das barocke Kunstwerk als bizarre Mischung aus Erotik und Sehnsucht nach dem Übernatürlichen (so Egon Friedell) gedeutet und abgelehnt. Im späten Mittelalter jedoch war dieses mystische Martyrium noch eine spezifische, gesellschaftlich akzeptierte Form weiblicher Heiligkeit und des «weiblichen (mystischen) Todes».[24] Doch seit dem 16. Jahrhundert fiel diese mystische Spiritualität und Art des mystischen Martyriums in kirchliche Ungnade, wurde mehr und mehr verdächtigt und inquisito-

---

21   Vgl. Peter Burschel, Male Death – Female Death. On the Anthropology of Martyrdom in the Early Modern Period, in: Jürgen Beyer / Albrecht Burkardt / Fred van Lieburg / Marc Wingens (Hg.), Confessional Sanctity (c. 1500 – c. 1800), Mainz 2003, 93–112, 94. Vgl. zur Problematik auch Elisabeth Bronfen, Nur über ihre Leiche. Tod, Weiblichkeit und Ästhetik, München 1994.

22   Vgl. für das Folgende Burschel, Male Death – Female Death.

23   Teresa von Avila, Das Buch meines Lebens. Vollständige Neuübertragung. Gesammelte Werke Bd. 1, hg., übersetzt und eingeleitet von Ulrich Dobhan OCD und Elisabeth Peeters OCD, Freiburg i. Br. / Basel / Wien ⁴2001, Kap. 29, 13 (in dieser Ausgabe, 426f.).

24   Vgl. dazu Peter Dinzelbacher, Heilige oder Hexen? Schicksale auffälliger Frauen in Mittelalter und Frühneuzeit, München 1995, 101–109.

risch verfolgt.[25] Die Folge war, dass Frauen einer solchen Art von (mystischem) Tod und Todesheroik als Ausdruck eines kirchlich sanktionierten «weiblichen Todes» in Form des Martyriums verlustig gingen.

4.   ... und heroischer weiblicher Tod in kirchlichen Randgruppen...

In kirchlichen Randgruppen allerdings starben Frauen in der frühen Neuzeit auch weiterhin heroisch für ihren Glauben. So gingen aus den innerprotestantischen Auseinandersetzungen im frühen 16. Jahrhundert die «Täufer» hervor.[26] 1562 erschien das vor allem in den Niederlanden verbreitete «Het Offer des Herren», ihr erstes Martyrologium. Dabei handelt es sich um eine Sammlung täuferischer Briefe, Protokolle von Verhören, Lieder und Testamente von Täufern, die in den 1550er Jahren hingerichtet wurden. Die Schrift enthält die Martyrien von vier Frauen und 19 Männern; fast 30 Prozent der Zeugnisse handeln von Frauen oder sind von Frauen verfasst. Das Ziel der Schrift und täuferischer Martyriumstheologie insgesamt ist, Lesende zu einem Verhalten zu bringen, in dem sie Leid geduldig ertragen (*lijdsamkeit*) um des grösseren Zieles willen, der Wiederkehr des Reiches Gottes auf Erden nach dem Endgericht. In Zeiten gesellschaftlichen Umbruchs gerieten bestehende Ordnungen wie die Geschlechterverhältnisse durcheinander: Täuferinnen verfassten Schriften, predigten, übernahmen Funktionen bei den geheimen Versammlungen und leisteten Wichtiges zum Überleben der Gemeinschaft in der Verfolgungszeit. Anliegen der Schrift ist es, die Geschlechterverhältnisse erneut zu ordnen. So werden etwa Frauen in der Bekennerhierarchie klar den Männern nachgeordnet. Interessant an diesem Martyrologium ist, wie unterschiedlich sich Männer und Frauen selbst beschreiben und welche Spielräume des Theologisierens und des Handelns ihnen eingeräumt werden. Nur Männer schrieben Vermahnungen, nur Männer durften in ihrem Testament ihre Familien im täuferischen Glauben offen bestärken, Frauen nicht.

Ein Täufer wie Jeronimus Segerz betonte unter Hinweis auf die Pastoralbriefe vor allem die Unterordnung der Frauen unter die Männer und die Liebe der Männer für ihre Frauen; Täuferin Anneken Jansz hingegen hob in ihrem

---

25   Burschel, Male Death – Female Death, 99, der sich hier auf Dinzelbacher, Heilige oder Hexen, 124–128 bezieht.

26   Vgl. zum Folgenden Nicole Grochowina, «Die Opfer des Herren». Das Ringen um Männlichkeiten im ersten täuferischen Martyrologium, in: Martin Dinges (Hg.), Männer – Macht – Körper. Hegemoniale Männlichkeiten vom Mittelalter bis heute, Frankfurt / New York 2005, 69–84; vgl. auch dies., «Het Offer des Herren». Das Martyrium als Heiligenideal niederdeutscher Täufer um 1570, in: Jürgen Beyer / Albrecht Burkardt / Fred van Lieburg / Marc Wingens (Hg.), Confessional Sanctity (c. 1500 – c. 1800), Mainz 2003, 65–80.

Testament vor allem ihre Christusnachfolge hervor: «Siehe, ich gehe heute den Weg der Propheten, Apostel und Märtyrer und trinke aus dem Kelch, aus dem sie alle getrunken haben. Ich gehe den Weg, sage ich, den Christus Jesus […] auch gegangen ist, auch er hat aus diesem Kelch trinken müssen.»[27] Den gleichen Anspruch der Christusnachfolge wie die Männer äusserte Jansz allerdings nur in ihrem persönlichen Testament und ihrem Sohn gegenüber; auch die Hoffnung auf die Überwindung der Ordnung wurde ins Jenseits verlagert. Männer zeigten sich stolz im Hinblick auf ihre Leidensfähigkeit und grenzten sich damit von den Frauen ab, die im Verhör über die Schwachheit ihres Körpers geklagt und sich durch Ohnmachtsanfälle weiteren Fragen entzogen hatten. Auch die Verhörenden verhielten sich Frauen und Männern gegenüber unterschiedlich. Während Männer zur täuferischen Theologie befragt wurden, geschah dies bei Frauen nicht; sie pochten in den Verhören auf ihre Unwissenheit und Ungelehrtheit (was faktisch, wie einige Aussagen zeigen, nicht zutraf). Nicole Grochowina zufolge ist die erste täuferische Märtyrerschrift eine Darstellung von Männlichkeiten und Weiblichkeiten im Übergang, die sich in späteren täuferischen Martyrologien zu männlichen und weiblichen Handlungsmustern verfestigen. Dem Martyrium wurde Männlichkeit und Weiblichkeit zwar untergeordnet. Doch wird zugleich deutlich, dass «es beim Aufbau einer täuferischen Identität nicht darum ging, eine neue Geschlechterordnung mit aufgelöster Hierarchie bereitzustellen».[28]

5. … sowie heroischer männlicher Tod im kirchlichen Mainstream

In der westlich-lateinischen Kirche galten seit dem ausgehenden 16. Jahrhundert als kirchlich akzeptierte heroische Todesarten nur noch männliche Formen. Zwar kamen nach dem Auffinden römischer Katakomben mit Märtyrergräbern (ab 1578) und infolge der Bestimmungen des Trienter Konzils (1545–1563) auch frühchristliche Märtyrerinnen und Märtyrer aufgrund ihrer im Martyrium erreichten Christusnähe wieder verstärkt in den Blick und wurde ihre Verehrung vitalisiert und verbreitet, dies jedoch vor allem im Hinblick auf ihre Rolle als «aggressive Glaubenskriegerinnen und -krieger».[29] Auch Zeitgenossen, die für den katholischen Glauben gestorben waren, wurden zunehmend als heldenhafte Märtyrer verehrt. Dazu zählen etwa die Jesuitenmissionare, die in Übersee ermordet worden waren. Die frühchristliche Kirche San Stefano Rotondo in Rom, die von Jesuiten geführt wurde und zum Collegium Germanicum gehörte,

---

27   Zitiert nach: Grochowina, «Die Opfer des Herren», 75.
28   Grochowina, «Die Opfer des Herren», 75.
29   Burschel, Sterben und Unsterblichkeit, 222.

wurde 1582–83 von Niccolò Circignani und Matteo da Siena ausgemalt. Die Maler griffen zurück auf frühchristliche Martyrien, vor allem das des heiligen Stefan (hier mit einer Dalmatik bekleidet und somit als Diakon erkennbar), und arbeiteten die Folterungen und Hinrichtungen in 32 Szenen recht drastisch aus. Die Fresken der Märtyrer waren «Schulen bildgestützter, bildgelenkter und bildkontrollierter Meditation, in deren Verlauf jene, die das Martyrium Christi und seiner Nachfolgerinnen und Nachfolger in ihre Seelen und über ihre Seelen in ihre Herzen aufnahmen, indem sie sich in die Passionsdarstellungen versenkten, ihren eigenen Tod imaginieren sollten».[30] Während in San Stefano vor allem blutiges, gewalttätiges, meist männliches Martyrium frühchristlicher Märtyrer vorgeführt wird (aber auch Perpetua und Felicitas kommen in der Bildfolge vor), gerät der weibliche Tod mehr und mehr zur Darstellung eines (lüsternen) Männerblickes, so etwa die Lucretia bei Lukas Cranach dem Älteren, der den Augenblick des Todes als «sinnliche Schau» geniesst.[31] Die Römerin Lucretia war berühmt für ihre Schönheit und Tugendhaftigkeit. Nachdem die verheiratete Frau von Tarquinius, einem Verwandten ihres Ehemannes, vergewaltigt worden war, beging sie Selbstmord – obwohl ihr Mann ihr die Vergewaltigung geglaubt hatte.[32] Die Schändung der Lucretia löste einen Volksaufstand gegen die Monarchie aus und wurde so zum Gründungsmythos der römischen Republik. Lucretia wurde heidnisches Vorbild für das christliche Frauenideal. Die Abbildung Cranachs wäre ohne Dolch allerdings einfach eine Venus.[33] Für Robert Scribner ist das Bild der Lucretia ein Beispiel für die «Pornographie des Todes».[34] Lucretia ist ein letztes Zeichen einer «Kultur des Martyriums in der frühen Neuzeit», die Burschel zufolge gendergeschichtlich Aufmerksamkeit verdient.[35]

Zusammenfassend ist festzuhalten, dass in der frühen Neuzeit angemessenes Leben und Sterben für Frauen und Männer unterschiedlich gegendert wird. Für Frauen gab es in der frühen Neuzeit in den etablierten Kirchen des Westens keine Möglichkeit mehr, einen kirchlich anerkannten heroischen Märtyrertod zu

---

30 Burschel, Sterben und Unsterblichkeit, 256.
31 Vgl. Robert W. Scribner, Vom Sakralbild zur sinnlichen Schau. Sinnliche Wahrnehmung und das Visuelle bei der Objektivierung des Frauenkörpers in Deutschland im 16. Jahrhundert, in: Klaus Schreiner / Norbert Schnitzler (Hg.), Gepeinigt, begehrt, vergessen. Symbolik und Sozialbezug des Körpers im späten Mittelalter und in der frühen Neuzeit, München 1992, 309–336, 311f.
32 Burschel, Sterben und Unsterblichkeit, 256.
33 Vgl. Burschel, Male Death – Female Death, 107f.
34 Scribner, Vom Sakralbild zur sinnlichen Schau, 328. Zitiert nach: Burschel, Male Death – Female Death, 108.
35 So der Untertitel von Burschel, Sterben und Unsterblichkeit.

erleiden.[36] Ihre Form christlicher *martyria*, zeugnishaften und angemessenen Lebens, kam in sexueller Askese oder durch Fürsorge für Leidende zum Ausdruck.

6. Ausblick: Der Tod und die Ordnung der Geschlechter

Im Anfang des Christentums und in Zeiten des Umbruchs spielt das Martyrium eine Rolle. Es steht in der Nachfolge Christi, ist kein selbst gesuchtes Leiden, sondern Konsequenz christlichen Lebens. In ihm wird der Tod erwartet, nicht aus Masochismus, sondern der Überzeugung wegen.

In der umfangreichen Literatur über Christenverfolgungen in der frühen Kirche finden sich Martyriumsberichte, in denen das Geschlecht zum Thema wird. Ein kleiner Rundgang hat uns zunächst in die frühe Kirche zum Martyrium von Perpetua und Felicitas geführt. Hier treffen wir einerseits auf die Vorstellung, dass Frauen im Martyrium männlich werden; andererseits zeigen Predigten von Augustinus seine grosse Verwunderung über die Kraft des weiblichen Geschlechts. Das Sterben Perpetuas und Felicitas' wird als vorbildlich für alle Gläubigen angesehen.

Wie Anneke Mulder-Bakker für das Mittelalter und Peter Burschel für die frühe Neuzeit zeigt, kann Martyriumsgeschichte als Gendergeschichte geschrieben werden.[37] Das Martyrium als Repertoire christlichen Lebens- und Sterbenszeugnisses wird für Frauen und Männer jedoch zunehmend unterschiedlich bewertet. Das mystische Martyrium einer Teresa von Avila wird (ebenso wie die Mystik insgesamt) im Katholizismus – und mit Ausnahme des Pietismus ebenso auch im Protestantismus – mehr und mehr abgewertet und abgewehrt. Heroisches Sterben ist nunmehr Männersache und dient der Verteidigung des Glaubens im Streit mit Andersgläubigen oder gegenüber Ungläubigen. Zur *martyria* der Frauen hingegen gehört in der westlichen Christenheit nun nicht mehr der vorbildliche, heroische weibliche Tod. In marginalisierten Gruppen wie der Täuferbewegung gibt es zwar neben männlichen auch weibliche Märtyrer, aber sie werden letztlich in die geltenden Geschlechterordnungen eingepasst.

---

36   Burschel, Male Death – Female Death, 102.

37   Vgl. Anneke B. Mulder-Bakker, Gendering Medieval Martyrdom. Thirteenth-Century Lives of Holy Women in the Low Countries, in: Johan Leemans (Hg.), More Than a Memory. The Discourse of Martyrdom and the Construction of Christian Identity in the History of Christianity, Leuven / Paris / Dudley, MA 2005, 221–239. Sie betont die Rolle des Klerus bei der Erfindung jungfräulicher Märtyrinnen im Hochmittelalter: «It was [...] the clerical preoccupations with women and gender, that led to wonderworking shrines of fictional virgin martyrs.» A. a. O., 239.

Auch im 19. Jahrhundert ist weibliches Sterben kulturell anders konnotiert als männliches. Dazu erweisen sich die Forschungen der Kulturwissenschaftlerin Elisabeth Bronfen als sehr aufschlussreich.[38] Die Frau als Märtyrerin steht im Zeichen von «physische[r] Schwäche, Selbstopfer und Selbstverleugnung [...] als Beweis physischer und geistiger Reinheit», der Todestrieb ist masochistisch nach innen gewendet.[39] Der heroische Tod des Mannes im 19. Jahrhundert ist der Tod im Krieg. Der heroische Tod der Frau ist der im Kindbett oder nach langer Krankheit. Hinzu kommen als besonderes Phänomen im 19. Jahrhundert stigmatisierte Frauen, die scharenweise Volksmassen und viele Intellektuelle anziehen: nach Bronfenscher Diktion verkörpern sie die «dahinschwindenden ätherischen Frauentypen», die physisch vom Tod inhabitiert sind.[40] Die besondere Aufmerksamkeit für diese mit den Zeichen des Todes geschmückten Frauen fällt in der zeitgenössischen Wahrnehmung negativ oder positiv aus: negativ gelten die Stigmata als Humbug und Aberglaube, positiv als Beweise authentischer Nachfolge Jesu. Martyrium wird hier zum Topos einer Erzählung über den Tod einer unschuldigen, tugendhaften, reinen Frau.

Zusammenfassend ist zu sagen: Beim Tod der beschriebenen Frauen tritt die körperliche Erfahrung in den Vordergrund; sie bleiben bis in den Tod als Frauen in ihren weiblichen Lebenszusammenhängen erkennbar. Das kulturelle Verhandeln über Männlichkeit und Weiblichkeit währt ebenfalls bis in den Tod und darüber hinaus. Bronfen weist darauf hin, «wie der Tod einer Frau dazu beiträgt, die Ordnung einer Gesellschaft wiederherzustellen, Destruktionskräfte zu eliminieren oder die Protagonisten in ihre Gemeinschaft wieder einzugliedern».[41] Dies liegt nicht zuletzt daran, dass Tod wie eingangs festgestellt immer gedeutet wird. Deshalb ist in einer Aufarbeitung und Durchsicht historischer Narrative nicht nur Sterben und Tod selbst zu berücksichtigen, sondern immer auch die Art und Weise, wie beides interpretiert, gedeutet und gegebenenfalls in die bestehende Ordnung eingefügt wurde.

Als Zwölfjährige war Elizabeth Castelli fasziniert von den Martyriumserzählungen über Frauen. Heute, nach vielen Jahrzehnten kritischer historischer Genderreflexion, hat sich die Wahrnehmung solcher Märtyrerinnen erneut gewandelt. Theologinnen und Autorinnen wie Elizabeth Castelli oder Marina Warner können sich diese Märtyrerinnen erneut zueignen und mit ihnen «mitdenken»[42] – als sichtbare, handelnde Frauen in der Geschichte, als wirkmächtige

---

38   Bronfen, Nur über ihre Leiche, 312.
39   A. a. O., 312.
40   Vgl. dazu Irmtraud Götz von Olenhusen, Wunderbare Erscheinungen. Frauen und katholische Frömmigkeit im 19. und 20. Jahrhundert, Paderborn 1995.
41   Bronfen, Nur über ihre Leiche, 314.
42   So der Titel eines Beitrags von Elizabeth A. Castelli, The Ambivalent Legacy of Violence and Victimhood. Using Early Christian Martyrs to Think With: Spiritus 6 (2006), 1–24.

Vorläuferinnen, als Vorbild für christliches Sterben (und Leben), oder als Gesprächspartnerinnen für die Vorbereitung auf den eigenen Tod.[43] Sie hinterlassen jedoch auch ein ambivalentes Erbe voller Verfolgung, Gewalt und Todesbereitschaft, dessen ausserordentliche Wirkkraft gerade in der heutigen Popular- und Massenkultur nicht zu unterschätzen ist.[44]

---

43   Vgl. Marian Warner, Memories of the Martyrs. Reflections from a Catholic Girlhood, in: Bremmer / Formisano (Hg.), Perpetua's Passions, 348–365.
44   Vgl. dazu Castelli, The Ambivalent Legacy.

Appendix:
Predigt des heiligen Augustinus über die Heiligen Perpetua und Felicitas
(s. 282auct Erfurt)[45]

1. Die Heiligen, deren Fest wir heute feiern, zeichneten sich nicht nur durch aus-
gezeichnete Tugenden im Leiden aus, sondern bezeichneten auch ihren und
ihrer übrigen Gefährten Lohn der Frömmigkeit für so grosse Mühsal mit eigenen Vokabeln. Die Namen der beiden sind Perpetua (Ewige) und Felicitas
(Glückseligkeit), aber der Lohn gehört allen. Denn nur deswegen haben alle
Märtyrer im Kampfe des Bekennens und Leidens jeweils tapfer gelitten, um sich
ewiger Glückseligkeit zu erfreuen. Unter der Führung der göttlichen Vorsehung
mussten sie nicht nur Märtyrerinnen, sondern, wie geschehen, engste Gefährtin-
nen sein, so dass sie einem Ehrentag den Namen und den Nachfahren ein
gemeinsames Fest zum Feiern schenkten. Denn wie sie uns durch das Beispiel
ruhmreichen Wettstreites zur Nachahmung mahnen, so bezeugen sie uns mit
ihren Namen, welch davon untrennbare Aufgabe wir zu übernehmen haben.
Perpetua nützt nichts, wenn es Felicitas nicht gibt, und Felicitas würde fehlen,
wenn es Perpetua nicht gäbe. Dieses Wenige genüge zu den Namen der Märtyrerinnen, unter denen uns dieser Tag geweiht ist.

2. Was nun sie selbst angeht, die diese Namen tragen, wie wir sie aus der Lesung
ihrer Leidensgeschichte vernommen haben, wie sie unserem Gedenken überliefert sind: Sie waren nicht nur weibliche Wesen mit viel Tugend und Verdienst,
sondern Frauen, die eine sogar Mutter, damit der Schwäche des Geschlechts
auch das dem Leiden gegenüber unduldsamere Gefühl beigesellt werde. Nehmt
euch ein Beispiel an dem Glauben, an der Tapferkeit, der Geduld [und] der
Frömmigkeit – ihr Ehelosen an der Mutter, ihr jungen Leute an den Weibern, ihr
Jungfrauen an den Frauen! Hinzu kam, dass sie trotz des Geburtsortes ihrer
Eltern auf erlesene Weise und liebevoll aufgezogen wurden. Dabei stellte sie der
Feind in allem auf die Probe, als ob sie nicht in der Lage seien, die harten und
grausamen Lasten der Verfolgung zu ertragen, und glaubte, sie würden ihm
endlich nachgeben und bald ihm gehören. Aber sie vereitelten in der vorsichtigs-
ten und festesten Kraft des inneren Menschen alle seine hinterlistigen Anschläge
und liessen sie scheitern.

3. Dass sie im Dienste des Königs Christus, nur ganz leicht gegürtet, keiner Wid-
rigkeit wichen – nicht gehemmt als schwächeres Geschlecht, nicht entnervt

---

45   Übersetzung aus dem Lateinischen von Hubert Huppertz (Everswinkel). Das lateinische
Original wurde veröffentlicht in: Isabella Schiller, Dorothea Weber, Clemens Weidmann, Sechs
neue Augustinuspredigten: Wiener Studien 121 (2008), 260–264.

durch Weibergedanken, nicht durch eine blendende Welt verweichlicht, unerschrocken vor Drohungen – als weibliche Wesen heissen Herzens, als Frauen mannhaft, als zarte Wesen hart, als Schwache tapfer gekämpft haben, [dadurch] haben sie mit dem Geist das Fleisch besiegt, mit der Hoffnung die Furcht, den Teufel mit dem Glauben, die Welt mit der Liebe. Mit diesen Waffen ist das Heer unseres Königs unbesiegt; unter diesen Waffen werden Christi Soldaten nicht unversehrt, sondern mit den verstümmelten Gliedern ihres Leibes, nicht tötend, sondern sterbend triumphieren. Haben sie doch die Herrschaft des ewigen Königs der Herrschaft des zeitlichen Königs vorgezogen und ihre Leiber preisgegeben, um nicht jedem Gott zu dienen und ihn anzubeten, sondern ihrem Gott; sie fürchteten nicht die, welche den Leib töten, sondern den, der die Macht hat, Leib und Seele in die Feuerhölle zu werfen. So bewirkten sie nicht nur mit ihrem Geiste, den sie in siegreichem Vorsatz unerschütterlich machten, sondern auch mit ihrem Leibe selbst, den sie zu verachten schienen, dass genau das, was die boshafte Verfolgung in Schmach säte, die Wahrheit des Gerichts in Herrlichkeit auferweckte.

4. In diesem Kampfe besiegte Perpetua, wie es ihr durch eine Vision offenbart worden war, in einen Mann verwandelt den Teufel; sie wurde der Welt entkleidet und mit Christus bekleidet, ging in der Einheit des Glaubens und der Anerkennung des Gottessohnes dem vollkommenen Manne entgegen und wurde an seinem Leib ein vorzügliches Glied, wofür sie den ganzen Körper abgeworfen hatte, nicht nur ein Glied.

5. In diesem Kampfe wurde Felicitas nicht durch die Last ihrer Gebärmutter behindert. Denn sie war schwanger an Leib und Herz. Diese [Schwangerschaft] hatte sie in befruchtender göttlicher Beiwohnung empfangen, jene in menschlicher Ehe; jene Geburt verzögerte das Naturgesetz, diese beschleunigte die gewaltsame Verfolgung; jener fehlte die Reifezeit, diese stand im Verhör; jene würde, wenn übereilt, in einer Fehlgeburt enden; diese würde getötet werden, wenn sie verleugnet würde. Es hatte also das tieffromme Weib an die Strafe der Frau als Gebärende gedacht und die Jungfrauengeburt bekannt; jener wies sie ihren Platz im fleischlichen Bauche, dieser in der geistigen Brust an; unter jener seufzte sie menschlich belastet, unter dieser jauchzte sie göttlich geehrt. Was sie daher genau gehört und fest geglaubt hatte, Christi eigene Worte: Wer den Willen meines Vaters getan hat, ist mir Bruder und Schwester und Mutter, [führte dazu, dass] sie nicht eher eines Adams Mutter geworden ist, als bis sie den himmlischen Menschen Christus vor dem Richter durch ihr Bekenntnis herausgelassen und durch ihr Stöhnen den irdischen für den Kerker aufbewahrt hat. Auch dort war ihre Antwort, als sie unter Schmerzen die Worte der kreissenden

Eva herausstiess und ihr gesagt wurde, wenn sie schon in den Geburtswehen so unleidlich sei, wie würde es ihr erst unter den Bestien ergehen: Was ich hier leide, leide ich; dort aber wird der für mich leiden, für dessen Glauben ich leiden werde. Verdientermassen ist geschehen, dass jene edle Kuh die bekannte Grausamkeit nicht so fühlte, dass sie sich an sie erinnerte. Ihr wurde in ihrem schweren Leib gezeigt, wer sie selbst war, was ihr im Leiden des Martyriums geschenkt wurde.

6. In dieser höchst ehrenwerten Gesellschaft gab es auch Männer als Märtyrer; an demselben Tag siegten auch Männer in härtestem Leiden; dennoch haben sie ebendiesen Tag nicht mit ihren Namen markiert. Das geschah nicht deswegen, weil die Ehefrauen den Gatten an Würde vorgehen, sondern weil die schwache Frau den erbitterten Feind durch ein noch grösseres Wunder besiegte und männliche Tugend für ewige Glückseligkeit stritt.

Erinnern gegen den Tod?
Eine systematische Annäherung an
Geschlechtsidentität im Erinnern

Cristina Betz

Dass Gedächtnis und Erinnern eine tragende Rolle für Subjektbildung und die Anerkennung von Identität(en) hat, ist keine Neuentdeckung. Es ist schon von Seiten verschiedener Disziplinen – Neurowissenschaften, Psychologie, Philosophie – untersucht worden, wie durch Erinnern eine reflektierte Identität ausgebildet bzw. das Selbstbewusstsein umgestaltet wird. Für eine Rede über Geschlechtsidentität im Erinnern ist nun dabei nicht allein entscheidend, welcher Standort in den Erinnerungen eingenommen wird, sondern auch, dass mit den Mechanismen des Erinnerns der Ort für die Rede vom Selbst bzw. vom eigenen Geschlecht zunächst überhaupt angepeilt und bestimmt werden muss.

Mit der folgenden Skizze möchte ich Schnittmengen und Mechanismen aufzeigen sowie Begriffe ausfüllen, die für eine systematische Untersuchung von Geschlechtsidentität im Erinnern tragend sein können. Den Überlegungen liegt die Idee zugrunde, Erinnern / Gedächtnis als *hermeneutisches Scharnier* zu verwenden, um Verbindungslinien von Gender und Tod zu ziehen. Zur Fokussierung möchte ich in einem ersten Schritt über die Abhängigkeit des Erinnerns vom Anderen bzw. von Ander(s)heit zu einem dynamischen Verständnis von Identität gelangen. Das gegenseitige Durchdringen und Überschneiden von Erinnern und Geschlecht, von Gedächtnispolitik, Geschlechtlichkeit, Funktion des Erinnerns und Geschlechternormen bedingt, dass ich in einem zweiten Schritt nach den verschiedenen Konstellationen für die Untersuchung von Geschlecht und Erinnern frage. Wie schon im ersten Kapitel das Plädoyer für eine Dynamik im Erinnern durchblicken lässt, geht es mir bei dieser Skizze darum, die Unterbrechungen, Verschiebungen und die Unentschiedenheit von Geschlechtsidentität im Erinnern zu thematisieren. Das möchte ich mit einem Ansatz von Anna Babka über die rhetorische Verfasstheit von Geschlechtsidentität aufnehmen.[46] Darin zeigt sich nicht zuletzt die Problematik einer Unabge-

---

46 Anna Babka ist Assistenzprofessorin für Neuere deutsche Literatur am Institut für Germanistik der Universität Wien. Theorie der Autobiographie, komparatistische Methodik und Methodologie der Kultur- und Literaturwissenschaften gehören u. a. zu ihren Forschungsschwerpunkten.

schlossenheit von Identitätsbildungsprozessen. Das führt mich zu der Frage, wie angesichts der Begrenztheit von Lese- und Verstehensprozessen überhaupt von einem Subjekt und von Geschlechtsidentität gesprochen werden kann. Am Ende steht im Raum, ob die Selbst-Entzogenheit bzw. die potentielle Abwesenheit nicht auch schon virtuell dem Erinnern eingeschrieben sind. Das bedeutete dann, dass Endlichkeit und Tod schon von vornherein in den Erinnerungsdiskurs eingebettet sind, so dass die Unverfügbarkeit von (absoluter) Geschlechtsidentität dem Erinnern von Geschlecht gar erst seine Struktur verleiht.

1. Erinnern als Moment der (Geschlechts-)Identität

Das Gedächtnis ist prädestiniert als Reflexionsfläche für die Untersuchung von Identitätsbildungsprozessen wegen der Modalitäten des Erinnerns.[47] Allgemein liegt die Intention individueller sowie kollektiver Erinnerungsformen in der Ausbildung und Stabilisierung von Identitäten. Was in Erinnerungsdiskursen verhandelt wird, ist nicht nur die Frage, *was* als erinnerungswürdig erachtet wird, sondern auch *wie* ein Selbst im Erinnern bzw. im Gedächtnis bewahrt und (neu) angeeignet wird.

Erinnerungen stellen mehr als nur Speicherplatz für die Aufbewahrung der Vergangenheit dar. Sie sind Medien zur Selbstidentifikation in der Zeit und im Gegenüber zum Anderen. Mithilfe der Erinnerung wird eine Beziehung zum vergangenen Geschehen und zu den Beteiligten aufgebaut. Erinnerungen haben daher nicht nur eine temporale Ausrichtung, sondern sind vor allem stets sozial strukturiert. Die Erinnerung ist ein Baustein der diachronen Struktur von Identität, einer narrativen Identität, die sich jeweils im Gegenüber zum Anderen konstituiert – und zwar zum Anderen der Erinnerung wie auch zum Anderen des gegenwärtigen Vollzugs des Erinnerns.

Identität ist nicht selbstsuffizient, sondern bildet sich in einem mehrgleisigen Prozess der wechselseitigen Anerkennung der Relation und wiederum der Aneignung der Relationalisierung, wie sich der Andere zum Selbst ins Verhält-

---

47   Im Erinnern «kreuzen sich die Schichten der Vergangenheit mit den Spitzen der Gegenwart» (Christa Karpenstein-Eßbach, Gegenwartsspitzen und Vergangenheitsschichten bei Gilles Deleuze. Medialitäten im Film, in: Meike Penkwitt [Hg.], Erinnern und Geschlecht Bd. 1 [Freiburger FrauenStudien 19], Freiburg i. Br. 2006, 267–283, 280). Erinnern eröffnet einerseits die Möglichkeit, von einem virtuellen Gegenwartspunkt andere Zeitschichten zu schneiden, die näher oder ferner zu diesem Gegenwartspunkt erscheinen. Andererseits hat Erinnern die Funktion, auf einer «Gegenwartsspitze» die Modalitäten der Zeit – Mögliches, Wirkliches, Notwendiges – zugleich präsent zu halten.

nis setzt.[1] Durch den Anspruch, die Beziehung zum Anderen und die Relation des Anderen zum Selbst in das Identitätskonzept zu integrieren, ergibt sich immer wieder neu die Notwendigkeit zur Aktualisierung. In jeder Begegnung ereignet sich eine Rekonfiguration der Identität. Identität ist kein Besitz, sondern bildet das vorläufige und sich stetig verändernde Resultat eines dynamischen, wechselseitigen Prozesses der Anerkennung und Aneignung. Die Erinnerung suggeriert eine Kontinuität des Selbstseins und Selbstwerdens in der (Neu-) Erzählung des erinnernden und erinnerten Ich. Die Aufgabe des Erinnerns besteht darin, Kontinuität und Kohärenz zwischen den verschiedenen Erinnerungen herzustellen.

Als Medien für die Deutung und Aneignung von Geschlechtsidentität sind die Erinnerungen einer geschichtlichen und kulturellen Normierung unterworfen. Umgekehrt sind Erinnerungen nicht nur das Produkt einer Gedächtnis- und Geschlechterpolitik, sondern selbst ein konstitutives Element des Gedächtnisses. Zu fragen ist nicht nur, was als erinnerbares Geschlecht gilt und welche Geschlechterverhältnisse in der Erinnerung hergestellt werden, sondern auch wie intelligible Geschlechtsidentitäten durch Vollzüge des Erinnerns hervorgebracht werden.

Erinnerungsdiskurse tragen dazu bei, eine bestimmte Politik des Gedächtnisses von Geschlechtsidentität zu ermächtigen oder auch zu transformieren. Zugeschnitten auf die Frage nach dem erinnerten Geschlecht kann der Fragenkatalog dahingehend spezifiziert werden: Welche Geschlechtlichkeit wird als erinnerungswürdig erachtet – und welche nicht?[2] Welche Normen für ein erinnerbares Geschlecht werden mit der Erinnerung bekräftigt? Wie wird Geschlechtsidentität durch Vollzüge des Erinnerns ermöglicht bzw. auch verunmöglicht?[3]

---

1   In ihrer «Kritik der ethischen Gewalt» analysiert Judith Butler, wie die Mechanismen der wechselseitig abhängigen Anerkennung auf das Subjekt unterbrechend wirken; die Perspektive ist immer schon eine verschobene. Vgl. Judith Butler, Kritik der ethischen Gewalt. Adorno-Vorlesungen 2002, Frankfurt a. M. 2007, 42: «Die Perspektive, die die Möglichkeit meiner eigenen Perspektive zugleich bedingt und mich von ihr abbringt, lässt sich nicht auf die Perspektive des Anderen reduzieren, da sie auch die Möglichkeit der Anerkennung des Anderen durch mich und meiner Anerkennung durch den Anderen regelt.»
2   Wiederholt verweist Judith Butler darauf, dass die Machtfrage, die mit dem Diskurs verbunden ist (Foucault), auch eine Frage des Überlebens sei. Die im Diskurs bestätigten und nachträglich naturalisierten Normen legen fest, welche Subjekte am Diskurs teilnehmen. Sie schliessen andere von vornherein davon aus, indem sie erst gar nicht als Subjekte adressiert werden. Diese Normen bestimmen darüber, «was eine lebensfähige Existenz sein wird und was nicht» (Judith Butler, Die Macht der Geschlechternormen und die Grenzen des Menschlichen, übersetzt von Karin Wördemann und Martin Stempfhuber, Berlin 2011, 328) bzw. welche Möglichkeit der Existenz überhaupt nicht in den Blick kommt.
3   Das Erinnern als performativer Prozess zeigt hier eine strukturelle Analogie zur Performanz von Geschlecht. Parallel zu der Debatte um *doing gender* könnte ein Ansatz darin beste-

Die Ausbildung und Stabilisierung von Geschlechtsidentität(en) im Erinnern steht damit auch in Abhängigkeit von einer sprachlich-kulturellen Normierung von Geschlecht. Gedächtnis wird von einer spezifischen Geschlechterpolitik geleitet und umgekehrt stabilisieren Erinnerungsdiskurse ein vorherbestimmtes *System der Geschlechtsidentität* (Butler).

2. Erinnern und Geschlecht: Konstellationen für einen systematischen Ansatz

Die Forschung an der Schnittstelle von Erinnern und Geschlecht konzentriert sich unter anderem darauf, die Marginalisierung der Perspektive von Frauen in der Geschichtsschreibung zu untersuchen. Ein weiterer Ansatz, der nicht notwendig historisch ausgerichtet ist, sondern literatur- und medienkritisch arbeitet, widmet sich der Repräsentation eines weiblich konnotierten Erinnerns und Erzählens (z. B.: Gibt es genuin weibliches Schreiben, eine weibliche Autobiographie oder auch ein Aufbrechen bzw. eine Verschiebung originär weiblicher oder männlicher Genres?). Eine systematische Analyse von Geschlecht als hermeneutischer Kategorie der Erinnerungskultur wird den Fokus beispielsweise auf die symbolischen, normativen und sozio-kulturellen Rahmenbedingungen einer Geschlechtlichkeit des Erinnerns legen.[4]

Eine systematische Untersuchung der Erinnerung von Geschlecht wird mit der Frage konfrontiert sein, welche Geschlechtlichkeit als erinnerbar gilt oder auch wie Erinnerungen durch angeeignete und wiederholte Vorstellungen von Geschlechtlichkeit geformt werden. Sie hat sich damit auseinanderzusetzen, wie durch das Erinnern spezifische Konstruktionen von Geschlechtsidentität anerkannt bzw. ausgeschlossen werden. Dabei steht auch zur Debatte, in welcher Weise tradierte Vorstellungen von Geschlechtlichkeit durch Formen des Erinnerns verschoben werden. Ein solcher Forschungsansatz erstellt Kriterien für die Bewertung der Offenheit einer Erinnerungspraxis im Hinblick auf ihr Vermögen, unterschiedliche Perspektiven auf die Intelligibilität von Geschlechtsidentität zu integrieren. Zum anderen untersucht er die Exklusionsmechanismen, welche die Rahmenbedingungen für eine anzueignende Geschlechtsidentität vorgeben,

---

hen, nach dem *doing memory* zu forschen (vgl. Meike Penkwitt, Erinnern und Geschlecht, in: dies., Erinnern und Geschlecht Bd. 1 [Freiburger FrauenStudien 19], Freiburg i. Br. 2006, 1–27, 6). Ausgehend von der Korrelation zwischen *doing gender* und *doing memory* will dieser Aufsatz dem *doing gender in doing memory* nachgehen.

4   Ein Kaleidoskop verschiedener Perspektiven auf «gegenderte» Erinnerungskultur bietet: Sylvia Paletschek / Sylvia Schraut (Hg.), The Gender of Memory. Cultures of Remembrance in Nineteenth- and Twentieth-Century Europe, Frankfurt 2008, bes. 270: «Therefore we have to analyze culture of memory from the angle of gender, with regard to their symbolic, normative and social-historical roots and systems of reference.»

und er fragt danach, welche Bestimmungen für die Kohärenz und Kontinuität von erinnertem Geschlecht gelten.

Für eine Konstellation, nämlich die Repräsentation und Performanz von Geschlecht durch Erinnern (*memory of gender*) – denkbar wäre auch die Umkehrung *gender of memory*[5] –, möchte ich hier vorab zwei Verknüpfungen herstellen, die in der folgenden Befragung näher angeschaut werden sollen: die Gestaltwerdung von Geschlecht im Erinnern (*remembering gender*) und die Zu-/Aneignung von Geschlechtsidentität im Erinnern (*memorizing gender*).

3. Erinnertes Geschlecht und verinnerlichte Geschlechtsidentität

Die beiden Verknüpfungen – *remembering gender* und *memorizing gender* – stellen hier quasi das Instrumentarium dar für eine Systematik von Erinnern, Gedächtnis und Geschlecht bzw. *memory of gender*. Die Überlegungen konzentrieren sich auf den Aspekt, dass eine Konstruktion von Geschlecht im Erinnern in Verbindung steht mit der Performanz des Geschlechts als Subjekt für den Erinnerungsdiskurs.

In ihrer Untersuchung verbindet Anna Babka beide Aspekte der Figuration und Performanz von Geschlecht. Deshalb werde ich bei meiner Systematisierung von Geschlecht und Erinnern immer wieder auf ihre Ergebnisse zur Tropologie von Geschlechtsidentität, Autobiographie und Gedächtnis / Erinnerung zurückkommen. Auf ihren Ansatz möchte ich hier kurz eingehen:

Anna Babka arbeitet in ihrer Co-Lektüre von Paul de Mans «Autobiography As De-Facement» mit Judith Butlers Auslegung der Performanz des Geschlechts die komplementäre tropologische Struktur von Autobiographie und Geschlechtsidentität heraus. Die Tropen der Autobiographie und Geschlechtsidentität adressieren und performieren das Selbst bzw. das eigene Geschlecht. In der Darstellung des Selbstseins bzw. der Geschlechtsidentität geht es «um die Frage der *Überlieferung* von *Etwas*, das nur über *Lesen* von *Repräsentationen* denkbar ist. Dieses *Etwas* kann das *re-präsentierte* Geschlecht sein.»[6] Das repräsentierte Geschlecht ist demnach keine natürliche, sondern eine rhetorische Kategorie, die über «Sprache als Figur»[7] das eigene Geschlecht als Ursprung für den Diskurs markiert.[8] Geschlechtsidentität ist performativ in dem Sinne, dass sie das

---

5   Vgl. Anm. 6.

6   Anna Babka, Unterbrochen. Gender und die Tropen der Autobiographie, Wien 2002, 124.

7   A. a. O., 30, 31.

8   Vgl. a. a. O., 30. Siehe auch Judith Butler, Imitation und die Aufsässigkeit der Geschlechtsidentität, in: Sabine Hark, Grenzen lesbischer Identitäten. Aufsätze, Berlin 1996, 15–37, bes. 21: «[E]ine bestimmte Darstellung und Produktion eines ‹Selbst›, das der *konstituierte Effekt* eines

geschlechtliche Ich hervorbringt: Das Subjekt ist nicht Ursprung des identifikatorischen Prozesses, sondern dessen Wirkung.[9]

Die Verleihung eines Geschlechts liest Anna Babka mit de Man als «Lese-
und Verstehensfigur»[10] – als Prosopopoiia von griech. *prosōpon poiein*, ein Gesicht
verleihen. Nicht nur wird das Ich durch die Verleihung eines Gesichts bzw.
Geschlechts als geschlechtliches Ich performiert; das Geschlecht in der Erinnerung ist selbst eine Figur bzw. figuriert, d. h., es wird ansprechbar, erinnerbar
erst durch die Prosopopoiia. Prosopopoiia ist die Imitation von Geschlecht und
insofern auf Wiederholung angewiesen.[11] «Wiederholen, Erinnern, aber auch
Lesen, sind Vorgänge, die korrelierbar sind [...].»[12] Das Gedächtnis ist ebenso
tropologisch strukturiert, indem das Erinnern als Verleihung von Gesicht /
Geschlecht das Ich bildet.

Die Geschlechtsidentität als tropologisches System zu adressieren eröffnet
die Möglichkeit, Autobiographie, Geschlechtsidentität und Gedächtnis über die
Trope der Verleihung eines Gesichts bzw. eines Geschlechts zu verschränken.
Diese Trope der Prosopopoiia figuriert das eigene Geschlecht über Wiederholung und Erinnern. Das erinnerte Geschlecht ist die Figur, die ein Lesen des
eigenen Geschlechts ermöglicht. Über das erinnerte Geschlecht wird das Ich als
geschlechtliches Ich performiert und Geschlechtsidentität angeeignet. Wie also
arbeiten genau die figurativen und performativen Mechanismen des Erinnerns
von Geschlecht?

3.1 De- / Figuration des Erinnerns

Das Erinnern ist ein kreativer Prozess, der die Erinnerungen, auf die er sich
bezieht, zuallererst hervorbringt. Erinnerungen sind keine Geschichtsakten oder
Artefakte der Vergangenheit. Sie erlauben keinen unmittelbaren Zugriff auf
Daten und Ereignisse. Vielmehr wird mittels der Erinnerung eine Beziehung
zum Selbst und zum Anderen des Selbst gebildet. Erinnerungen spiegeln die
gegenwärtige Bedeutung des Erinnerten für den Erzähler wider und Erinnern

---

Diskurses ist, [beansprucht] dennoch, dieses Selbst als a priori existierende Wahrheit zu ‹reprä-
sentieren›.»

9   Diese Umkehrung von Ursache und Wirkung – Selbstpräsenz und Repräsentation – zeigt
Judith Butler für die Geschlechtsidentität: «In diesem Sinne ist Geschlechtsidentität nicht Performanz, die zu vollziehen sich ein vorher bestehendes Subjekt erwählt, sondern sie ist *performativ* in dem Sinne, daß sie das Subjekt, das sie zu verwirklichen scheint, als ihren Effekt erst
konstituiert.» (A. a. O., 30).

10   Anna Babka, Unterbrochen, 19, 31f.

11   Vgl. a. a. O., 25.

12   A. a. O., 22.

kann als *Figuration des Selbst* in seinen Zeitverhältnissen bezeichnet werden. Erinnerungen werden so zur notwendigen Bedingung für das Erinnern des Ich in der «gedoppelten Adressierung»,[13] dass das erzählende Ich das Selbst über Erinnerungen *ins Bild setzt*, indem es – sich selbst und sein Leben erinnernd – das Selbst erzählend figuriert. Das Selbst wird über Erinnerungen gebildet im zweifachen Wortsinn, dass das Selbst in der Erinnerung hergestellt wird und dass es durch die Erinnerungen über sich selbst gebildet, aufgeklärt wird.

Das figurative Moment der Erinnerungen wird durch die performative Voraussetzung eines Referenten verschleiert.[14] Das Erinnern, das *Repräsentation von Sinn* ist, erweckt den Anschein einer ursprünglichen Referenz zwischen der Erinnerung und dem Selbst. Identität ist die Setzung dieser Referenz, die zugleich eine Ent-Setzung ist: Die Aufhebung des figurativen Moments der Erinnerung, d. h. die Aufhebung der Gestaltwerdung des Selbst / des Geschlechts in der Erinnerung (*Figuration*) zugunsten einer Ursprünglichkeit des Selbst (*performative Voraussetzung*). Die Konstruktion von Erinnerungen und ihr de- / figuratives Moment sind ein massgebendes Motiv in der Debatte um Identität und Erinnern in der Autobiographieforschung: «Es geht in der Autobiographie niemals darum, wie es ‹wirklich› gewesen ist, selbst wenn ein autobiographisches Ich dies vermeint; es geht immer darum, was das eigene Leben für den Autobiographen / die Autobiographin im Prozess des Schreibens *ist*.»[15]

Wenn Identität die voraus-gesetzte *Selbigkeit* der Erinnerungen mit dem Selbst darstellt und die Erinnerung als Figur des Selbst das autobiographische Subjekt bildet, dann bedeutet das komplementär für den Prozess der Aneignung von Geschlechtsidentität im Erinnern, dass das Erinnern des Geschlechts eine Figuration ist, welche das eigene Geschlecht über Imitation produziert. Aber dadurch, dass das Subjekt in den Prozessen des Lesens und Erinnerns mehrfach bestimmt ist, wird Identität stets unterbrochen:

Während ich an meiner Geschichte arbeite, erschaffe ich mich selbst in neuer Form, weil ich dem «Ich», dessen vergangenes Leben ich zu erzählen versuche, ein narratives «Ich» hinzufüge. Jedes Mal, wenn es zu sprechen versucht, tritt das narrative «Ich» zu der Geschichte hinzu, weil es als Erzählperspektive

---

13   A. a. O., 37.

14   Anna Babka liest die Performanz des geschlechtlichen Ich als Produkt der Geschlechtsidentität: «Die Effekthaftigkeit, das referentiell produktive Moment der performativen Konstruktion und damit auch die sprachliche Verfaßtheit des ‹biologischen Geschlechts› wird durch die performative Voraussetzung verschleiert.» (A. a. O., 39).

15   Martina Wagner-Egelhaaf, Autofiktion. Theorie und Praxis des autobiographischen Schreibens, in: Johannes Berning / Nicola Keßler / Helmut K. Koch, Schreiben im Kontext von Schule, Universität, Beruf und Lebensalltag (Schreiben – interdisziplinär), Berlin 2006, 80–101, 97.

wiederkehrt, und diese Hinzufügung kann in dem Moment, wo sie die fragliche Erzählung perspektivisch verankert, nicht vollständig erzählt werden.[16]

Die Position des autobiographischen Ich ist eine andere als die des erzählenden Ich einer Erinnerung und beide sind nicht gleichzusetzen mit dem Ich der Erinnerung.[17] Autor, Erzähler, Protagonist fallen nie in eins und sind dennoch nicht getrennt: in-dividuum. «Das autobiographische Subjekt ist in jedem Fall ein ‹Individuum›; als solches ist es un-teilbar (‹in-dividuum›) und d. h. im Grunde genommen auch ‹nicht mit-teilbar‹ (‹ineffabile›).»[18] Wie kann dennoch von dem Verhältnis zwischen Geschlechtsidentität und Performanz des Geschlechts gesprochen werden, ohne beide zu fiktionalisieren oder aufzuheben als Inversion einer Inversion?

3.2 Geschlechtsidentität – der Spiegel des Spiegels

Wie zwei Spiegel eine Spiegelung ins Unendliche ermöglichen, so beobachtet sich das Ich im Spiegel und sieht doch nur das Bild von sich, das sich selbst im Spiegel beobachtet. Das sich spiegelnde und gespiegelte Ich ist eine beliebte Metapher für die Annäherung an Subjektivierung – und die Spiegelmetapher ist auch für die Identitätsaneignung im Erinnern bildgebend. «Das *Andere* im Spiegel ermöglicht die Wahrnehmung des Ich und erst die Spaltung wird zur Ursache eines identifikatorischen Prozesses.»[19] Mit dem *Anderen* im Spiegel ist dann nicht der / die Andere des Ich, sondern das Ich *als ein Anderes* gemeint.[20]

Der Begriff des Spiegelbilds führt Identität als Effekt einer Differenzerfahrung ein. Identifikation bzw. Selbigkeit setzt Differenz voraus, d. h. eine dem Ich inhärente Möglichkeit der Abwesenheit von einem ursprünglichen Ort. Identität bezieht sich auf einen Dauerzustand der *Ek-stasis*, eines konstitutiven Ausser-

---

16   Judith Butler, Kritik der ethischen Gewalt, 56f.

17   Die Aufspaltung des Subjekts in Autor, Erzähler und Protagonist spiegelt sich auf der Zeitebene wider: Das Gedächtnis ruft das Vergangene ins Sein, aber um den Preis des Vergessens der Gegenwärtigkeit als Erinnerung zugunsten einer vergangenen Gegenwart, die niemals als diese Gegenwart existiert hat, sondern nur als erinnerte Gegenwart Wirklichkeit beansprucht.

18   Martina Wagner-Egelhaaf, Autofiktion, 83.

19   Anna Babka, Unterbrochen, 20.

20   Vgl. die abweichende Hegel-Lesart von Butler: «Ich bin mir selbst gleichsam immer anders, und es gibt keinen abschließenden Moment, in dem ich zu mir selbst zurückkehre. [...] Anerkennung wird zu jenem Prozess, durch den ich ein anderer werde als der, der ich gewesen bin, wodurch ich die Fähigkeit einbüße, zu dem zurückzukehren, was ich gewesen bin.» (Judith Butler, Kritik der ethischen Gewalt, 41).

sich-selbst-Seins, bzw. auf einen «dauerhaft nicht-mit-sich-selbst-identischen Status des ‹Ich›».[21]

Das Ausser-sich-selbst-Sein bzw. die konstitutive Möglichkeit der Abwesenheit des Ich zeigt sich innerhalb der Autobiographie an der immanenten Verdoppelung von erzählendem Ich und erzähltem Ich. Jeder Text wird auf das Subjekt der Rede hin gelesen: Jedes Ich *im* Text verweist auf ein Ich *vor* dem Text.[22] Das Subjekt als Stimme bzw. Gesicht des Textes ist metaleptisch (die Erzählebene überschreitend) figuriert durch das Ich *im* Text.[23] Autobiographische Autorschaft / Identität ist das Produkt einer *wechselseitigen Spiegelung* bzw. *reflexiven Substitution* (de Man) von ErzählerIn als Subjekt der Rede und Ich *im* Text. Die wechselseitige Auslegung von Ich *im* Text und Ich *vor* dem Text offenbart den «Abgrund einer ‹Prosopopöie der Prosopopöie›»[24] – einen *Spiegel im Spiegel*.[25] Wo ist hier der Eingang / Ausgang des Spiegelkabinetts? Welches ist das Original, das eigentliche Selbst, das vor dem Spiegel steht?

Mit Judith Butler gesprochen ist die Geschlechtsidentität *Imitation ohne Original*.[26] Aber der Imitation ist die Frage nach dem Original immer schon eingeschrieben. Die Erinnerung als Prosopopoiia – als Verleihung eines Geschlechts – enthält den bleibenden Verweis auf eine imaginierte Ganzheit, Kontinuität und Kohärenz des eigenen Geschlechts in letzter Instanz. Das Erinnern oder das Lesen der Erinnerung ist die Inszenierung dieser Imitation einer Ganzheit: Der Mime, d. h. das Subjekt der Erinnerung, imitiert nichts, was auf einer Wahrheit im Sinne einer Entsprechung zwischen der Darstellung und der Gegenwart der

---

21   Judith Butler, Imitation, 22.

22   Identität wird garantiert durch die Vorschrift das Gesetz der Autobiographie) als die *vorschriftliche Referentialität*, dass der autobiographische Text als die Stimme / das Gesicht des Autors zu lesen ist (vgl. Anna Babka, Unterbrochen, 37).

23   Vgl. a. a. O., 29: «Das heißt also, dass die Figur der Prosopopöie erst die Vorstellung eines Subjekts der *Rede* ermöglicht beziehungsweise hervorbringt, nämlich als Figur, als Gesicht, als Stimme.» Das führt dazu, dass das Subjekt der Rede nie vollständig über sich aufgeklärt sein kann und wird, weil es die (An-)Redesituation nicht in der Rede einholen kann: «[D]as zu Beginn eingeführte ‹Ich›, das als Erzählerstimme dient, [kann] gar nicht angeben, wie es zu einem ‹Ich› geworden ist, das sich selbst oder speziell diese Geschichte erzählen kann. [...] [D]enn das narrative ‹Ich› wird in jedem Moment neu konstituiert, in dem man sich in der Erzählung auf es bezieht. Paradoxerweise ist diese Anrufung ein performativer und nicht-narrativer Akt.» (Judith Butler, Kritik der ethischen Gewalt, 91).

24   Jacques Derrida, Mémoires. Für Paul de Man, hg. von Peter Engelmann, Wien 1988, 50.

25   Vgl. Jacques Derrida, La double séance, in: La dissémination, Paris 1993, 201–312, 234 bzw. Jacques Derrida, Die zweifache Séance, in: *Dissemination*, hg. von Peter Engelmann, Wien 1995, 193–322, 230: «In diesem Spekulum ohne Realität, in diesem *Spiegel eines Spiegels*, gibt es dennoch eine Differenz, eine Dyade, denn es gibt den Mimen und das Phantom. Doch es ist eine Differenz ohne Referenz oder eher eine *Referenz ohne Referenten, ohne erste oder letzte Einheit* [Hervorhebungen C. B.] [...].»

26   Vgl. Judith Butler, Imitation, 26.

Sache selbst gründet, sondern er spielt die Imitation, er mimt die Referenz.[27] Die Inszenierung ist *Referenz einer Referenz* – die Repräsentation der Imitation eines bleibenden Verweises. Der Mime performiert die Referenz. Sie / er macht die Referenz ersichtlich *in persona*, auf seinem Gesicht.[28] Das Mienenspiel verkörpert die Imitation einer Kohärenz und Kontinuität. Es spielt auf eine Referenz an – aber auf eine Referenz, die es noch nicht oder nicht mehr gibt: *Referenz ohne erste oder letzte Einheit* (Derrida). Denn die Anspielung auf die Referenz ist selbst die Performanz der Referenz.

Die Referenz wird im Lese- und Schreibprozess des Erinnerns sprachlich eingeholt: das eigene Leben / das eigene Geschlecht *im Prozess des Schreibens* (Wagner-Egelhaaf). Das Ich performiert den Sinn des Imitierten – die Referenz, auf die es anspielt – im doppelten Akt des Lesens und Gelesenwerdens. Geschlechtsidentität ist *Imitation ohne Original*, die das Subjekt als Referenten erst diskursiv produziert.[29] Bei Anna Bakba heisst die performative Funktion der Referenz entsprechend «referentielle Produktivität».[30] Referentielle Produktivität ist diejenige Arbeit einer Referenz, die den Referenten als Effekt der Referenz, d. h. durch sich selbst, hervorbringt (*Gesetz der Performativität*). Indem die Referenz den Referenten produziert, erzeugt die Referenz die Bedingung ihrer Möglichkeit. Referentielle Produktivität ist die autopoietische Leistung der Referenz, die mit dem Referenten sich selbst ins Dasein bringt.

Ist Autobiographie / Geschlechtsidentität nicht nur die Erzählung des (imitierten) eigenen Lebens bzw. die Figuration des Selbst / des Geschlechts, sondern zugleich die Mitteilung des Erzähltwerdens – die Beobachtung der Selbstbeobachtung bzw. *der Spiegel des Spiegels* – dann verweist die Autobiographie in ihrer Selbstreferentialität auf die Figurativität ihrer Erzählung bzw. auf das *Gesetz der Performativität* (Babka). Subjektivierung heisst dann: Das autobiographische Ich schreibt sich über den Prozess des Erinnerns das Leben / das Geschlecht quasi auf den eigenen Leib bzw. ins Gedächtnis, gibt sich ein Bild von sich selbst.[31] Das auf sich selbst angewandte Bild ist die rhetorische Figur (*Prosopopoiia*), mit der das Subjekt der autobiographischen Rede bzw. des Erinnerns sich selbst ein Bild / ein Geschlecht verleiht als Figuration des Selbst. Die Figurativität wird

---

27 Vgl. Jacques Derrida, La double séance, 248f. bzw. ders., Die zweifache Séance, 245f.

28 Vgl. a. a. O., 229–230 (im Original: 233–234).

29 Vgl. Judith Butler, Imitation, 22f.: «Und wenn das ‹Ich› der Effekt einer bestimmten Wiederholung ist, die den Anschein von Kontinuität oder Kohärenz produziert, dann gibt es kein ‹Ich›, das der Geschlechtsidentität, die es angeblich vollzieht, vorausgeht; die Wiederholung und die unterlassene Wiederholung produzieren eine Kette von Performanzen, die die Kohärenz des ‹Ich› zugleich konstituieren und in Frage stellen.»

30 Anna Babka, Unterbrochen, 38f.

31 Anna Babka schreibt dazu: «Die AutobiographIn, im Versuch, sich ihrer Subjektivität zu vergewissern, bringt diese hervor, sprachlich, im Medium der Schrift.» (A. a. O., 24).

durch die performative Voraussetzung eines Referenten verschleiert. Die Figuration der Prosopopoiia korreliert mit einer Defiguration von Geschlecht durch die metaleptische Anrede des Ich. Das erzählende Ich de-/figuriert im Erinnern das eigene Geschlecht und performiert sich dadurch als geschlechtliches Ich – verleiht sich ein Geschlecht. Performanz und Figuration sind zwei Momente des erinnerten Geschlechts. Zusammen bilden sie die Funktion des Erinnerns, ein Gesicht / Geschlecht zu verleihen und dieses zugleich als Subjekt für den Erinnerungsdiskurs zu konstituieren.

3.3 Ein «Rundgang ums Gedächtnis»[32]

Wohin soll uns diese Imitation ohne Abschluss – die quasi ohne Ende, aber eben doch nicht unendlich ist – hinführen? «Das ‹Ich› wird durch seine ‹Performanz› nicht ausgeschöpft, nicht der gesamte Inhalt des Ich wird sichtbar ausgebreitet, denn wenn die Performanz ‹wiederholt› wird, dann ist die Frage, was die wiederholten Identitätsmomente denn voneinander unterscheidet», resümiert Judith Butler.[33]

Der *Spiegel des Spiegels* bringt nur eine weitere Verschiebung der Spiegelbildlichkeit, aber kommt nie mit sich selbst überein.[34] Wenn die Geschlechtsidentität ebenso wie das Gedächtnis nur Zitat ist, ein «unbeständiger Topos»,[35] der nie mit sich selbst identisch sein kann, dann gibt es auch keine «Totalisierung des Selbst» bzw. des eigenen Geschlechts im Gedächtnis.[36] Geschlechtsidentität ist *Referenz einer Referenz*, das Lesen bzw. Erinnern eines bleibenden Verweises auf eine Ganzheit, eine erste oder letzte Einheit. Das Ich ist immer auf die eigene oder fremde Zusage bzw. Herstellung einer Kontinuität und Kohärenz im Erinnern seiner selbst angewiesen.

Die (vergangene, gegenwärtige oder zukünftige) Selbstpräsenz in der Erinnerung kann nicht durch die Gegenwärtigkeit des Erinnerns bzw. der Geschlechtsidentität substituiert werden. Was im Erinnern lesbar wird, ist eine weitere «tropologische Verschiebung, die ein weiterer Rundgang ums Gedächtnis, eine weitere Wendung des Gedächtnisses (*un autre tour de la mémoire*) ist».[37] Jeder

---

32   Jacques Derrida, Mémoires, 44.

33   Judith Butler, Imitation, 22.

34   Vgl. Jacques Derrida, Mémoires, 45, 50.

35   Anna Babka, Unterbrochen, 119.

36   Jacques Derrida, Mémoires, 44. Anna Babka deutet das auf die (Unter-) Brechung der Geschlechtsidentität im Lesen: «Gender / die soziale Geschlechtsidentität, erweist sich als unentscheidbare/s und permanent unterbrochene/s Überlieferung / Zitat des Lesevorgangs der Adressierenden / Adressierten.» (Anna Babka, Unterbrochen, 126).

37   Jacques Derrida, Mémoires, 44.

Rundgang ums Gedächtnis ist ein Neu-In-Beziehung-Setzen und mehr als ein tropologisches Aufräumen – nichts wird so wiedergefunden, wie es erinnert ist.
Wie gelingt dann aber Selbstwerdung? Die Antwort von Anna Babka lautet:
Zu-sich-selbst-Kommen gelingt nur «im Bewußtsein, daß dieses Selbst immer
schon ein ‹anderes› ist, daß die unvollkommenen, jedoch produktiven Wieder-
holungen der Hervorbringung des Selbst konstitutiv sind [...]».[38] Daher scheint
mir die Umschreibung mit *Selbstwerdung* treffender zu sein, weil (Geschlechts-)
Identität immer nur im Werden, immer erst noch im Kommen ist.

Aber dann führt die Endlichkeit der Prozesse des Lesens und (Fehl-) Gelesenwerdens im Erinnern in die Aporie, dass das Gedächtnis und also das erin-
nernde Ich niemals mit sich selbst identisch ist und sein wird. Auf Geschlechtsidentität bezogen stellt sich die Frage: Wie kann dennoch die Möglichkeit einer
Adressierung der Geschlechtsidentität eines erinnernden / erinnerten Ich im
Wissen um die Begrenztheit und das Sich-selbst-entzogen-Sein im Erinnern
behauptet werden, wenn Geschlechtsidentität als *Referenz einer Referenz* stets
unbeständig und un-identisch, d. h. nicht auf sich selbst abbildbar, ist?

4.   Erinnern gegen den Tod? – Zur Referentialität des Namens

Erinnern geschieht im Namen eines Gedächtnisses und im Gedächtnis der
(Eigen-) Namen,[39] d. h. auch der Eigennamen des Geschlechts. Der Name im
Angedenken bewahrt im Gedächtnis, was im Namen referentiell angesprochen
ist. Das Lesen / Erinnern des eigenen Geschlechts wird durch die Referentialität
des Namens ermöglicht. Sie ist Voraussetzung für ein zu sich selbst kommendes
Erinnern.

Es gibt viele Metaphern für Gedächtnis – Speicher, Buch, Raum, Datennetz.
Aber die Metapher selbst kann am besten für das Gedächtnis stehen, meint Anna
Babka. Das Erinnern ist das Übertragen (*metapherein*) einer Ordnung in Namen.
Erinnern gibt den Namen ein Gesicht, ordnet ihnen eine Bedeutung zu.[40] Um
diese tropologische Struktur des Gedächtnisses zu veranschaulichen, erinnert
Anna Babka an den Mythos der Mnemotechnik:

Cicero erzählt die Geschichte über Simonides von Keos, einen begnadeten
Redner und Dichter.[41] Nach seinem Vortrag anlässlich einer Feier wird Simoni-

---

38   Anna Babka, Unterbrochen, 121.
39   Diese «Überkreuzung der Genitive» des Gedächtnisses und des Eigennamens ist die rhetorische Figur, mit der Jacques Derrida an Paul de Man erinnert: Jacques Derrida, Mémoires, 76.
40   Vgl. Anna Babka, Unterbrochen, 114f.
41   Marcus Tullius Cicero, De oratore. Über den Redner, lateinisch-deutsch, übersetzt von
Theodor Nüsslein, Düsseldorf 2007, 298–303 (II, 351–360).

des aus dem Gebäude gerufen. Während seiner Abwesenheit stürzt die Festhalle ein, so dass alle im Saal von den Trümmern erschlagen werden und ihre Körper bis zur Unkenntlichkeit entstellt sind. Die Angehörigen kommen anschliessend zu Simonides mit der Bitte, die Verstorbenen zu identifizieren. Simonides ist geübt im Memorieren und kann den Namen der Verstorbenen anhand der Tischordnung in seiner Erinnerung ein Gesicht zuweisen. Er übersetzt eine *Anordnung* von *Gesichtern* in Namen. So bildet seine Erinnerung «*eine Topologie des Todes* als Möglichkeit der Erinnerung an *Gesichter*».[42]

Das Erinnern ist Verleihung eines Gesichts, so dass der Name erinnerbar wird wie ein Gesicht (de Man). Das auswendige Gedächtnis ist die Übersetzung einer Ordnung in Namen. Der Eigenname wird anschaulich über die Prosopopoiia, über das Verleihen eines Gesichts bzw. eines Geschlechts, sonst bleibt er leer, ein stummes Epitaph.[43] Der Eigenname ist das Zeichen für das Abwesende, das in die Erinnerung eingraviert ist.[44] Er ist genau diese Markierung von Abwesenheit, wodurch das Geschlecht als Referenz lesbar wird. Die Referentialität des Eigennamens (seine Lesbarkeit wie ein Gesicht) verleiht Gestalt bzw. Geschlecht.

Der Name geht mir voraus und über mich hinaus, weil ich nicht ohne m/einen Namen sprechen kann.[45] Wenn das Ich sich selbst erinnert, rekurriert es auf seinen / ihren Namen. Indem das Ich *im Namen von* das Wort ergreift, gibt der Name der Erinnerung ihre Gestalt. Das erinnerte Geschlecht wird als das meinige ansprechbar durch m/einen Namen – auch in Abwesenheit. Der Eigenname verweist auf diese Möglichkeit, dass das im Namen Aufgerufene oder Gelesene nicht präsent ist. Im Anrufen, im Benennen, im Andenken, das immer mit der Adressierung des Namens verbunden ist, drückt sich gleichsam die potentielle Abwesenheit seines Trägers aus. Der Name verweist schliesslich immer schon voraus auf den Tod und umgekehrt «[enthüllt] der Tod, daß der Eigenname es immer vermocht haben wird, sich der Wiederholung in Abwesenheit seines Trägers anzubieten und auf diese Weise zu einem eigenartigen allgemeinen Namen zu werden, genauso allgemein wie das Pronomen ‹ich›, das im Vorgang des Bezeichnens die eigene Einzigartigkeit ausstreicht [...]».[46] Gilt also,

---

42   Anna Babka, Unterbrochen, 115.

43   Siehe a. a. O., 35, 115.

44   Die Aussparung einer Gravur ist wie ein Platzhalter: Als ein Negativ ist ihr der Verweis auf ein Positiv konstitutiv.

45   Für den Eigennamen gilt dasselbe wie für das Pronomen «ich»: «The ‹I› is thus a citation of the place of the ‹I› in speech, [...] it is the historically revisable possibility of a name that precedes and exceeds me, but without which I cannot speak.» (Judith Butler, Bodies That Matter. On the Discursive Limits of «Sex», London 2011, 171).

46   Jacques Derrida, Mémoires, 71.

dass die Wiederholung des Eigennamens in seiner eigenartigen Macht, auf Abwesendes zu verweisen, die Einzigartigkeit im Namen auslöscht? Einzigartigkeit gründet sich auf einen aussersprachlichen Referenten, beispielsweise das materielle (biologische) Geschlecht. Ich lese hier die Einzigartigkeit als einen apriorischen Selbstbezug bzw. eine Selbstpräsenz in der Bedeutung eines Mit-sich-selbst-Seins in Abhängigkeit von einer prädiskursiven Materialität. Die Einzigartigkeit dieses Selbstbezugs ist durch die Referentialität der Namen bzw. die Wiederholung in der Referentialität der Namen infrage gestellt. Das Erinnern figuriert über die Einschreibung des Namens das erinnerte Geschlecht. Dasjenige Geschlecht, das im Namen adressiert wird, wird durch den Diskurs reproduziert als erinnertes Geschlecht. Die Referentialität des Namens, d. h. die Ansprechbarkeit des Geschlechts im Namen, bedeutet eben auch, dass es diskursiv keinen Zugriff auf eine prädiskursive Materialität des Geschlechts gibt – gleichwohl behauptet das nicht die Aufhebung dieser Materialität, sondern nur, dass es für die Erinnerung keinen anderen als einen sprachlichen Zugang dazu gibt. Das diskursive und auf Wiederholung ausgelegte Erinnern einer Selbstpräsenz löscht diese aus in demselben Akt, in dem sie sich darauf bezieht.[47] Wir können die eigene Geschlechtlichkeit nur in ihrer diskursiven Gestaltwerdung, zum Beispiel in der Erinnerung, fassen.[48] Die Gestaltwerdung ist ein Neuschreiben und Überschreiben, eine «Ausstreichung des Ich (du Je) in einer Art apriorischem und funktionalem Vergessen».[49] Das Vergessen ist dem Erinnern von vornherein eingeschrieben.

Der Name beinhaltet die Möglichkeit, auf das eigene Geschlecht (wieder bzw. neu) zurückzukommen, auch und gerade dann, wenn die Geschlechtsidentität (wie das Gedächtnis) nicht abgeschlossen ist und immer erst noch im Werden ist. «Alles fängt mit der Reproduktion an. Immer schon, das heißt Niederschlag eines Sinns, der nie gegenwärtig war, dessen bedeutete Präsenz immer ‹nachträglich›, im Nachherein und zusätzlich (supplémentairement) rekonstituiert wird.»[50] Nachträglich, in der Referentialität der Namen, treten Erinnerungen als Referenten einer Vergangenheit auf, die nie als solche präsent war, sondern nur

---

47   Vgl. Anna Babka, Unterbrochen, 118: «Wir erinnern uns und sind erinnert als Figur, als Spur des immer anderen, als Fehlgelesenes über die Figur des Lesens, der Prosopopoiia, die das Gesicht / das Geschlecht / das Genre immer schon ausgelöscht haben wird, um es erinnern zu können, um es als Neues einzuzeichnen und zu memorieren – illusionär […].»
48   «[D]as Selbst ist immer schon vom Ursprung exiliert und hat keine unabhängige Realität außerhalb der textuellen Realität, außerhalb der Erzählung [der Erinnerung; C. B.].» (Anna Babka, Unterbrochen, 25).
49   Jacques Derrida, Mémoires, 78.
50   Jacques Derrida, Die Schrift und die Differenz, übersetzt von Rodolphe Gasché, Frankfurt a. M. 1976, 323.

als Repräsentation, als erinnertes Bei-sich-selbst-Sein, als erinnerte Selbstprä-senz, Faktizität beansprucht. Die doppelte Begrenzung des Erinnerns – die Begrenzung dessen, was erinnert wird, und die Grenze eines Erinnerns, das nie die Oberfläche des Spiegels durch-brechen wird («*sans briser la glace*»)[51] – ist konstitutiv für Subjektbildung. Jede Erzählung ist nur kohärent und lesbar von ihrem Ende her und so ist auch die Imitation einer imaginierten Ganzheit und Kontinuität nur von einem fiktionali-sierenden Ende her erinnerbar. Die Repräsentation einer Geschlechtsidentität im Nachhinein richtet sich nicht nur auf ein So-Sein und So-Gewordensein, sondern auch auf ein für die Gegenwart konstitutives So-Gewordensein-Werden, ein *Erinnern der Zukunft* (Derrida) als arbiträre Markierung. Ein zu sich selbst kom-mendes Erinnern ist nicht denkbar als historisches Gedächtnis eines mit sich selbst identischen Subjekts, sondern: «Diese Erinnerung ist eine, die nur außer-halb der historischen Zeit denkbar ist, als Erinnerung einer Vergangenheit, die niemals Gegenwart war, keinen Ursprung hat und somit auch die ‹narzisstische› Vorstellung von Selbst-Präsenz immer schon vergessen haben wird.»[52] Das a-temporale Gedächtnis der Namen / das Angedenken ist *Erinnern der Zukunft* als Wiedererweckung, aber diese «erweckt nicht eine Vergangenheit, die gegen-wärtig gewesen sein wird, aufs Neue zum Leben, sie leitet die Zukunft ein, sie verpflichtet die Zukunft (elle engage l'avenir).»[53] Das *Erinnern der Zukunft* ist ein die Zukunft in Anspruch nehmendes Erinnern.[54]

Der Name ist die Spur, die in das Gedächtnis eingeschrieben ist. Die Refe-rentialität des Namens trägt der doppelten Selbst-Entzogenheit des Erinnerns Rechnung. Auf den an ihn gehenden Hinweis nach einer «Schrift des Überle-bens», nach «der bewahrten Spur»,[55] antwortet Jacques Derrida mit dem Verwie-sensein auf den Tod: «Die Spur, die ich hinterlasse, bezeichnet mir sowohl mei-nen kommenden oder bereits eingetretenen Tod als auch die Hoffnung, daß sie

---

51   Vgl. Jacques Derrida, La double séance, 234.
52   Anna Babka, Unterbrochen, 121f.
53   Jacques Derrida, Mémoires, 82.
54   Vgl. Anna Babka, Unterbrochen, 120: «*Es ist ein Junge* oder *es ist ein Mädchen* (genauso gut kann hier an die Schöpfungserzählung erinnert werden: ‹Und er schuf sie als Mann und Frau› [Gen 1,27]) – so werden, über die Apostrophe, die Adressierung oder *Appellation als* bloße Namen (als Prosopopöie, als *Fiktion* einer Apostrophe, als Figur der Autobiographie), die Geschlechter ins Gedächtnis und ins Leben gerufen. Sie werden wiedererweckt und vor- oder wiederaufgeführt, ohne vorrangig auf die Vergangenheit ausgerichtet zu sein, sondern als Vor-aussetzung dessen in der Zukunft, was immer nur hypothetisch präsent sein kann in der Gegenwart. Als Akt der Setzung sozusagen, der eine in der Zukunft liegende erdachte Wahrheit und eine nach ihm liegende erwünschte Wahrheit einschließt.»
55   Jacques Derrida, Leben ist Überleben. Jacques Derrida im Gespräch mit Jean Birnbaum, Wien 2005, 38.

mich überlebt.»[56] Die Markierung des Namens verweist auf diese doppelte Grenze des Todes, des «kommenden und des bereits eingetretenen Todes». Sie zeigt das Ausmass einer doppelten Selbst-Entzogenheit im Erinnern an. Die Unverfügbarkeit des Selbst wiederholt sich mit jeder Adressierung des Eigennamens.

Jedesmal, wenn ich etwas von mir gebe, wenn eine solche Spur von mir (aus)geht, auf nicht-wieder-anzueignende Weise «(her)vorgeht», (er)lebe ich meinen Tod in der Schrift. Die äußerste Prüfung: Man enteignet sich, ohne zu wissen, wem die Sache, die man hinterläßt, eigentlich anvertraut wird. Wer wird erben, und wie?[57]

Vom «Tod in der Schrift» unterscheidet sich die zweite Spur des Namens, die ebenfalls in der Struktur des Erinnerns enthalten ist. Sie besteht in der Antizipation der Selbst-Entzogenheit in der Erinnerung der anderen: «[I]ch sehe mich tot, abgeschnitten von euch in euren Erinnerungen, die ich liebe, und ich weine wie meine Kinder am Rand meines Grabes [...]».[58]

Eine Verbindung zwischen der Performanz im Erinnern und der Referentialität der Namen stellt beispielsweise eine theologische Rede vom *rettenden Erinnern Gottes* her.[59] Eine systematisch-theologische Fragestellung richtet ihr Augenmerk zum Beispiel auf die Arbeit an der doppelten Selbst-Entzogenheit im Erinnern. Im Zuge einer systematisch-theologischen Relektüre von Geschlecht und Tod im Erinnern kommt das *Erinnern Gottes* als Paradigma für die Bewahrung im Gedächtnis eines Anderen zur Sprache. Ich sehe darin spontan zwei Vorteile: Die theologische Rede vom rettenden Erinnern Gottes wahrt die Diskrepanz zwischen wahrem Sein und Be-*wahr*-ung in der Erinnerung und sie trägt der Mehrdimensionalität der narrativen Identität Rechnung, indem sie beispielsweise den Namen als Aufgabe zur Bewahrheitung, zur Bewährung auffasst: «Es ist noch nicht bekannt geworden, was wir sein werden» (1Joh 3,2).

---

56   A. a. O., 40.
57   Ebd.
58   Geoffrey Bennington / Jacques Derrida, Jacques Derrida. Ein Portrait, Frankfurt a. M. 2001, 50.
59   Vgl. dazu Magdalene L. Frettlöh, «Ja, den Namen, den wir geben, schreib' ins Lebensbuch zum Leben.» Zur Bedeutung der biblischen Metapher vom «Buch des Lebens» für eine entdualisierte Eschatologie, in: Ruth Heß / Martin Leiner, Alles in allem. Eschatologische Anstöße. J. Christine Janowski zum 60. Geburtstag, Neukirchen-Vluyn 2005, 133–165.

Gender im Angesicht des Todes. Sterbebegleitung und Palliative Care[60]

Isabelle Noth

> Denn so
> So lieb ich meinen Tod. So such ich ihn:
> Auf meines Lebens ungeräumter Walstatt.
> Inmitten all der Kinder, meiner Träume.
> In meines Vaters Haus. In meiner Mutter Armen.
> Hochbetagt –!
> Aus: Carl Zuckmayer, Mein Tod (Ein frommer Wunsch)[61]

1. Einleitung

Vor dem Tod sind alle gleich, heisst es. Tatsächlich? Mein Interesse gilt der Frage, inwiefern Gender eine relevante Analysekategorie für die Seelsorge an Sterbenden und für Palliative Care ist. Wenn es zutrifft, dass Sterbebegleitung «zunächst und v. a. Beziehungsarbeit»[62] ist, dann darf davon ausgegangen werden, dass auch die Sterbebegleitung unter Gendergesichtspunkten von Interesse ist. Doch inwiefern?

In einem ersten Teil will ich einige Klärungen vornehmen, insbesondere den Begriff Palliative Care kurz erläutern, um dann in einem zweiten Teil aktuelle Grundkonflikte im Themenbereich Sterben und Tod anhand eines Beispiels zu skizzieren und schliesslich drittens auf geschlechtsspezifische Aspekte im Zusammenhang mit Sterbebegleitung und Tod einzugehen.

---

60   Überarbeitete Fassung des Vortrags an der Tagung «Gender und Tod» vom 3. Mai 2013 an der Universität Bern. Der Vortragsstil wurde beibehalten.
61   Friederike Waller (Hg.), Alles ist nur Übergang. Lyrik und Prosa über Abschied, Sterben und Tod, Tübingen ³2011, 336.
62   Johann-Christoph Student, Art. Sterbebegleitung, in: RGG⁴, (2004), 1719.

2. Begriffsklärungen

Sowohl aufgrund des demographischen Wandels, veränderter gesellschaftlicher
Bedingungen als auch des medizinischen Fortschritts rückt die Sterbebegleitung
zunehmend ins sozial- und gesundheitspolitische wie wissenschaftliche Blickfeld. In der Poimenik erschienen zwar schon seit den 1980er Jahren Veröffentlichungen, die sich vertieft dem Thema der Sterbebegleitung widmeten,[63] doch
deren Aufstieg in den Rang einer nicht nur seelsorglichen, sondern auch einer im
Gesundheitswesen im Rahmen von Palliative Care interdisziplinären Kernkom-
petenz ist neu und gehört zu den allerjüngsten Entwicklungen im Zusammenhang von Sterben und Tod. Doch was ist Palliative Care überhaupt? Die folgende Umschreibung stammt vom Schweizerischen Bundesamt für Gesundheit:

> Palliative Care umfasst die Betreuung und die Behandlung von Menschen mit unheilba-
> ren, lebensbedrohlichen und / oder chronisch fortschreitenden Krankheiten. Sie wird vor-
> ausschauend miteinbezogen, ihr Schwerpunkt liegt aber in der Zeit, in der die Kuration
> der Krankheit als nicht mehr möglich erachtet wird und kein primäres Ziel mehr darstellt.

> Patientinnen und Patienten wird eine ihrer Situation angepasste optimale Lebensqualität
> bis zum Tode gewährleistet und die nahestehenden Bezugspersonen werden angemessen
> unterstützt. Die Palliative Care beugt Leiden und Komplikationen vor. Sie schliesst medi-
> zinische Behandlungen, pflegerische Interventionen sowie psychologische, soziale und
> *spirituelle Unterstützung* mit ein.

> [...] Palliative Care wird in einem interprofessionellen Team erbracht. Dieses Team kann
> aus Personen universitärer und nicht universitärer Gesundheitsberufe bestehen. Je nach
> den Bedürfnissen des kranken Menschen und von dessen nahestehenden Bezugsperso-
> nen werden Fachpersonen anderer Sozial- und Psychologieberufe, der Seelsorge oder
> weiterer Berufe beigezogen. Freiwillige können unter Berücksichtigung ihrer Kompeten-
> zen und Aufgaben Teil des interprofessionellen Teams und der palliativen Versorgung
> sein.[64]

Die Weltgesundheitsorganisation (WHO) und das Federal Office of Public
Health (FOPH) anerkennen Spiritual Care – die religiöse, spirituelle und existen-

---

63   Vgl. z. B. Hans-Christoph Piper, Gespräche mit Sterbenden, Göttingen 1977 [⁴2009]; Kurt
Lückel, Begegnung mit Sterbenden: «Gestaltseelsorge» in der Begleitung sterbender Menschen,
München / Mainz 1981 [⁵1994].
64   Zitiert nach: www.bag.admin.ch/themen/medizin/06082/06421/index.html (aufgerufen
am 25.08.2013); [Hervorhebung I. N.].

tielle Begleitung Sterbender – explizit als grundlegenden Bestandteil von Palliative Care für PatientInnen und ihre Angehörigen.[1]

3.   Aktuelle Grundkonflikte im Zusammenhang mit Sterben und Tod

Zufälligerweise erschien am 24. April 2013 in der Berner Tageszeitung «Der Bund» und kurz darauf – am 3. Mai 2013 – in der britischen Tageszeitung «The Guardian» je ein Beitrag von zwei verschiedenen Autoren zu Fragen des Sterbens, deren Kernaussage aber dieselbe war.[2] Im «Bund» antwortete der bekannte Psychoanalytiker und Satiriker Peter Schneider auf die Anfrage einer sich im mittleren Lebensalter befindenden Frau H., die mit ihrem Mann in einen Zwist geraten war, weil dieser im Gegensatz zu ihr weder ein Testament noch eine Patientenverfügung und auch keinen Organspendeausweis hatte und auch nicht Mitglied bei *Exit* zu werden beabsichtigte. Sie hielt dies für verantwortungslos und ärgerte sich. Peter Schneider schrieb Frau H., dass er selber – wie ihr Mann – auch keinerlei solche Vorsorgen getroffen hätte. Seine Ausführungen gipfeln in der Aussage:

> Von der letzten Verantwortung für mich kann und will ich niemanden befreien. So wie ich meinerseits von dieser Verantwortung für meine Angehörigen nicht befreit werden kann und will.[3]

Diese Aussage entspricht dem Titel des Beitrags des in England bekannten Priesters und Journalisten Giles Fraser im «Guardian»: «I want to be a burden on my family as I die, and for them to be a burden on me.» Im Artikel fügt er dieser Aussage noch den erklärenden Beisatz zu: «It's called looking after each other», um auch diesen schliesslich noch unmissverständlich zu klären: «Having

---

1   Vgl. World Health Organization (2002). National cancer control programmes: policies and managerial guidelines, Geneva: WHO; Bundesamt für Gesundheit (BAG) und Schweizerische Konferenz der kantonalen Gesundheitsdirektorinnen und -direktoren (GDK) (2009). Nationale Strategie Palliative Care 2010–2012, Bern.

2   Siehe den *Kleinen Bund* vom Mittwoch, 24. April 2013, 36 [Leser fragen: «Was sind wir unseren Hinterbliebenen schuldig?»]; zu einer Besprechung dieser Kolumne vgl. Isabelle Noth, Seelsorge und Spiritual Care, in: dies. / Claudia Kohli Reichenbach (Hg.): Palliative und Spiritual Care. Medizinische und theologische Perspektiven, Zürich 2014. *The Guardian* vom 3. Mai 2013, «I want to be a burden on my family as I die, and for them to be a burden on me», zitiert nach: www.theguardian.com/commentisfree/belief/2013/may/03/burden-loved-ones-dying-euthanasia (aufgerufen am 30.08.2013). Ich danke Angela Berlis für den Hinweis auf diesen Artikel im *Guardian*, auf den hin über 900 Kommentare eingingen.

3   Ebd.

someone wipe our bums, clean up our mess, put up with our incoherent ramblings and mood swings.»[4]

Nun hat dieser Hintern putzende «someone» gerade beim Thema Sterbebegleitung ein statistisch signifikantes Geschlecht, wie wir noch sehen werden. Dass Frau H. den Weg der Absicherung und Vorabklärung betritt, während Herr H. meint, das alles nicht nötig zu haben, und dass der Priester in analoger Umkehrung des «Liebe deinen Nächsten wie dich selbst» von «Liebe dich selbst wie deinen Nächsten» bzw. eben von seinem Wunsch, eine Last für seine Familie sein zu wollen, wenn er sterbe, wie auch diese eine Last für ihn sein möge, spricht, könnte von daher auch aus Genderperspektive nicht ganz zufällig sein.

4. Geschlechtsspezifische Aspekte

a) Frauen und Sterbende

Unter anderem bei Gian Domenico Borasio lesen wir, dass über 90 % der Menschen am liebsten daheim sterben möchten, dies jedoch nur etwa einem Viertel effektiv vergönnt ist.[5] «Die weitaus meisten Todesfälle ereignen sich in Krankenhäusern und Pflegeheimen.»[6] Es ist demnach zu einer «Verlagerung des Sterbeortes»[7] gekommen. So überschreibt Borasio auch das betreffende Kapitel mit «Wunsch und Wirklichkeit». Dabei – so wiederum Borasio – könnten «die allermeisten Sterbevorgänge (die Schätzungen gehen bis zu 90 %) [...] mit Begleitung von geschulten Hausärzten und gegebenenfalls Hospizhelfern problemlos zu Hause stattfinden. Bei ca. 10 % ist spezialisiertes palliativmedizinisches Wissen notwendig, das in den meisten Fällen ebenfalls im häuslichen Bereich angewendet werden kann. Und bei lediglich 1–2 % der Sterbenden sind die Probleme so gravierend, dass sie nur auf einer spezialisierten Palliativstation behandelt werden können.»[8] Die Frage drängt sich auf: Was muss man tun, um zu den erwähnten 25 % zu gehören? Borasio führt aus, dass der ausschlaggebende Faktor weder Geld noch gute Ärzte seien. Auch Ehepartner bildeten «keine gute Voraussetzung für eine Pflege zu Hause».[9] Und Kinder zu haben,

---

4   Ebd.

5   Gian Domenico Borasio, Über das Sterben. Was wir wissen, was wir tun können, wie wir uns darauf einstellen, München [7]2012, 29.

6   Ebd.

7   Martina Plieth, Seelsorge im Kontext von Sterben, Tod und Trauer, in: Handbuch der Seelsorge. Grundlagen und Profile, hg. von Wilfried Engemann, Leipzig [2]2009 [2007], 446–463, 448.

8   Borasio, Über das Sterben, 25.

9   A. a. O., 30.

sei zu unpräzis. Die richtige Antwort laute: «Töchter!»[10] Dazu Borasio: «Das ist kein trivialer Unterschied. Nach den vorliegenden Daten ist die Wahrscheinlichkeit, von der eigenen Tochter zu Hause gepflegt zu werden, viermal höher, als wenn dies der eigene Sohn tun soll. Gegenüber den Söhnen ist sogar die Wahrscheinlichkeit höher, von der Schwiegertochter gepflegt zu werden, allen Klischees zum Trotz.»[11] Pflege mitsamt Sterbebegleitung bezeichnen demnach geschlechtlich auffallend strukturierte Handlungsfelder. So bleibt Borasio nur der ernst gemeinte Rat, «als wichtigste Vorsorgemassnahme für das Lebensende mindestens eine, möglichst aber mehrere Töchter zu zeugen (das ist kein Witz). Wem nur Söhne gelingen, der sollte wenigstens die Auswahl der Schwiegertöchter sehr genau überwachen und sich mit ihnen beizeiten gut stellen.»[12]

Sollte man zu den anderen, nämlich zu den 75 % gehören, die in Spitälern und Pflegeheimen sterben, so ist die Wahrscheinlichkeit, von einer Frau gepflegt zu werden, 9 : 1, denn der Pflegeberuf wird zu 90 % von Frauen ergriffen. Für Aufgaben, die früher von der Familie versehen wurden, sind nun Professionelle zuständig, denn auch hier gilt: «Wenn familiale und nachbarschaftliche Hilfsmechanismen ausfallen, treten Spezialisten an deren Stelle.»[13]

b) Frauen als Sterbende

Es treten in diesem Zusammenhang aber auch andere Spezialisten auf. Ich denke an die aktuelle gesellschaftspolitische Auseinandersetzung um den assistierten Suizid, wie ihn Institutionen wie *Exit* oder *Dignitas* anbieten. Ich denke aber auch an die vom Bundesrat geförderte Palliative Care (s. Bericht des BR vom Juni 2011). Was sie eint, ist der Umstand, dass sie mit denselben Argumentationsfiguren operieren, nämlich insbesondere mit dem Selbstbestimmungsrecht des Menschen.[14]

Fällt es nur beim genaueren, genderreflektierten Hören auf Aussagen von Menschen, die mit Unterstützung der genannten Organisationen aus dem Leben

10 Ebd.
11 Ebd.
12 A. a. O., 31. Dass ein Buch mit dem Titel «Mutter, wann stirbst du endlich? Wenn die Pflege der kranken Eltern zur Zerreissprobe wird» zum *Spiegel*–Bestseller erkoren wird, mag befremden, aber kaum erstaunen. Vgl. auch: Vom guten Umgang mit dem Tod: Geo Wissen 51 (2013), 139.
13 Michael Klessmann, Seelsorge. Begleitung, Begegnung, Lebensdeutung im Horizont des christlichen Glaubens. Ein Lehrbuch, Neukirchen-Vluyn 2008, 384.
14 Vgl. Palliative Care, Suizidprävention und organisierte Suizidhilfe. Bericht des Bundesrates vom Juni 2011: www.ejpd.admin.ch/content/dam/data/gesellschaft/gesetzgebung/sterbehilfe/ber-br-d.pdf (aufgerufen am 30.08.2013).

scheiden wollen, auf, dass die Begründung, nämlich niemandem zur Last fallen zu wollen, sich nicht zumuten zu wollen, keine Belastung sein zu wollen, besonders von Frauen genannt wird? Männer scheinen ihren Entscheid für einen assistierten Suizid eher mit dem im öffentlichen Diskurs verwendeten und den mündigen Bürger kennzeichnenden Begriff der Selbstbestimmung zu plausibilisieren. Das heisst, gerade im Umgang mit dem (wissentlich kurz oder länger bevorstehenden) Tod angesichts einer Krankheit etc. scheinen sich geschlechtsspezifische Unterschiede bemerkbar zu machen.

Schon seit längerem bekannte geschlechtsspezifische Unterschiede im Bereich von Sterben und Tod bestehen sowohl bei der Suizidrate als auch der Suizidmethode. Im Durchschnitt verüben in der Schweiz pro Jahr ca. 1000 Männer einen Suizid, während es bei den Frauen ca. 400 sind. Während Erstere vor allem zu Schusswaffen greifen oder sich erhängen, suchen Letztere häufiger den Tod durch Ertrinken oder Medikamente.

Eine engagierte und feministische Seelsorge wird solche Zahlen und Begründungsfiguren hellhörig wahrnehmen und vor dem Hintergrund unterschiedlicher Geschlechterrollen und -bilder aufdecken und zur Diskussion stellen.[15]

c) Gender und Spiritual Care

Die eingangs erwähnte Bestimmung von Sterbebegleitung als Beziehungsarbeit verweist noch auf einen weiteren, in der bisherigen Diskussion um Palliative und Spiritual Care beinahe vollständig vernachlässigten Aspekt: Nicht nur Menschen mit einer unheilbaren Erkrankung und Sterbende haben spirituelle Bedürfnisse, sondern auch diejenigen, die sie pflegen und sie begleiten. Ihre jeweiligen Bedürfnisse lassen sich nicht voneinander vollständig trennen, sondern beeinflussen einander auch – wie in jeder Beziehung. Auf diesen Punkt haben Kathleen Galek, Kevin J. Flannelly, Martha R. Jacobs und John D. Barone explizit und auf der Basis einer empirischen Untersuchung von Spitalseelsorgenden hingewiesen:[16]

---

15 Dass jedoch schon nur eine Vermutungsäusserung in Richtung eines möglichen geschlechtsspezifischen Zusammenhanges zu vehementen Reaktionen führen kann, zeigt eine – aufgrund eines im Nachgang zur Tagung veröffentlichten Interviews ausgelöste – Auseinandersetzung mit *Exit*: www.uniaktuell.unibe.ch/content/geistgesellschaft/2013/gender_tod/index_ger.html (aufgerufen am 30.08.2013.)

16 Kathleen Galek / Kevin J. Flannelly / Martha R. Jacobs / John D. Barone, Spiritual Needs. Gender Differences among Professional Spiritual Care Providers: The Journal of Pastoral Care & Counseling 62, nos. 1–2 (2008) 29–35.

Many healthcare professionals are increasingly recognizing that ‹patients learn to cope with and understand their suffering through their spiritual beliefs, or the spiritual dimension of their lives.› Although many members of the healthcare team may address patients' spiritual needs, chaplains are typically the main purveyors of spiritual care in healthcare settings. Given the array of countertransference issues that arise when working with patients, as well as the importance of understanding and meeting one's own needs before being able to address others needs, the present study examined the types of spiritual needs chaplains themselves face.[17]

Gegenübertragungsphänomene insbesondere in professionellen Begleitungsbeziehungen und die grundlegende Notwendigkeit, sich zuerst über die eigenen spirituellen Bedürfnisse bis zu einem gewissen erforderlichen Grad bewusst zu werden, bevor man die Bedürfnisse anderer – hier: Sterbender – adressiert, sind der Grund, weshalb auch die «Anbieter» von Spiritual Care selber vermehrt Aufmerksamkeit erlangen sollten. So hat die erwähnte Forschungsgruppe 85 männliche und 103 weibliche Spitalseelsorgende mit einem Durchschnittsalter von 53 Jahren untersucht und interessante Unterschiede festgestellt: «The women in the sample reported experiencing five of the seven spiritual constructs examined significantly more often than men, including the need for 1) belonging, 2) meaning, 3) hope, 4) beauty, and 5) acceptance of death. No significant gender differences were found for spiritual needs related to morality concerns or religious practices.»[18] Fazit: Sterbebegleitung und Palliative Care sind ein aus gendertheoretischer Sicht hochinteressantes, aber bisher noch unterbelichtetes Themenfeld, bei dem ein erheblicher Forschungsbedarf besteht.[19]

---

17   A. a. O., 29.

18   Ebd.

19   Die soeben erschienene Studie des Institute of Social and Preventive Medicine, University of Bern, on: Suicide assisted by right-to-die associations: a population based cohort study, in: Int. J. Epidemiol. 2014, 1-9, gelangt zum Ergebnis, assistierter Suizid «in Switzerland was associated with female gender and situations that may indicate greater vulnerability such as living alone or being divorced (...)» (ebd., 1). Sie wurde von EXIT umgehend kommentiert. Die Studie bestätige schon Bekanntes und sei sonst teilweise «unwissenschaftlich» und «teilweise voreingenommen»: http://www.exit.ch/news/news/details/exit-stellungnahme-zu-studie/ (Zugriff am 26.02.2014). Zur Genderthematik weiss EXIT nichts Erhellendes zu sagen.

Tod und Gender
Zum Stand der Forschung

Der Tod hat in jeder Kultur und auf verschiedenen Ebenen ein Gendervorzeichen. Schon das grammatische Geschlecht von «Tod», «thanatos», «mors» differiert in alten und heute gesprochenen Sprachen und gibt einen ersten Hinweis, dass Vorstellungen vom Tod gendergeprägt sind. Kulturen und Religionen kodieren bestimmte Todesarten, wie Suizid, geschlechtsabhängig. Aber auch die konkreten Einstellungen zum und Erfahrungen mit dem Tod sind für Männer und Frauen durchaus nicht gleich, sondern geschlechtsspezifisch verschieden. Diese Genderkomponenten des Todes werden jedoch bislang kaum wahrgenommen und selten berücksichtigt. So findet sich im Nationalen Forschungsprogramm NFP 67 des Schweizerischen Nationalfonds zum Thema «Lebensende» kein einziges genderspeziell formuliertes Projekt.

Der Forschungsstand ist in den theologischen Fächern, was Genderfragen betrifft, in verschiedenen Entwicklungsphasen. Innerhalb der *Bibelwissenschaft* ist seit dreissig Jahren durch die feministische Exegese und Theologie die Genderforschung stark entwickelt worden. Zudem gibt es seit gut zehn Jahren eine äusserst rege Forschungstätigkeit im Bereich der biblischen Anthropologie. «Tod» in den Schriften der hebräischen Bibel, aber auch des Neuen Testaments, wurde im Schnittpunkt dieser beiden Interessen hier und da auf Genderaspekte hin untersucht, jedoch bislang nicht systematisch (ausführlicher dazu der Beitrag oben «Tod und Gender im alten Israel und seinen Nachbarkulturen»). Eine genderorientierte Aufarbeitung des gesamten Komplexes von Sterben und Tod im alten Israel gibt es bisher nicht (vgl. aber Wuckelt 2006, Fischer 2009). So allgemein menschlich Sterben und Tod aus einer grundsätzlichen, anthropologischen Sicht sind, so geschlechtsspezifisch verschieden sind Erfahrungen von Sterben und Tod aber auch im alten Israel. Die Lebenserwartung von Frauen ist niedriger als die der Männer, sie sterben oft an Schwangerschaft und Geburt, der Tod ihres Partners hat für sie andere Auswirkungen als ihr eigener Tod für ihre Männer. Ihre Aufgaben beim Tod von Angehörigen sind andere als die der Männer. Erst in jüngerer Zeit haben Exegetinnen sich mit dem Thema der Fehlgeburten oder Totgeburten in biblischen Texten beschäftigt. Neben den blossen Fakten kommen eine Reihe von Zuordnungen und Rollenfixierungen ins Spiel, die als Konventionen, Konstruktionen und Präskriptionen einer antiken Literatur bzw. einer antiken Gesellschaft zu betrachten sind. Frauen töten selten, sind aber oft

Opfer tödlicher Gewalt. Israeliten begehen in ausweglosen Situationen Suizid, Israelitinnen nicht. Frauen wird in besonderer Weise Trauer und Klage zugeordnet. Während die Genderaspekte des Suizids überhaupt noch nicht untersucht wurden, liegen inzwischen einige, auch interkulturell vergleichende Genderarbeiten zum Thema Klage vor, einzelne Untersuchungen gibt es zur Nekromantie. Hinter der Genderzuordnung liegt bei der Klage nicht die Verbindung von Frau und Emotion, sondern eine gesellschaftlich anerkannte Ritualkompetenz (Schroer 2002, 2009, 2011). Die biblischen Texte sind bis anhin auch kaum unter genderspezifischen Aspekten mit archäologischen Befunden in Beziehung gesetzt worden. Die «Archäologie des Todes» ist noch sehr weitgehend androzentrisch. Aufgrund neuer Techniken sind aber seit einigen Jahren weitreichende Datenerfassungen und -vergleiche auch in puncto Geschlecht und Lebensalter von Skeletten möglich. Die alttestamentliche Todesmetaphorik bietet ein weiteres grosses Feld für Genderuntersuchungen. Hier kommt eine religions- und literaturgeschichtliche Opposition von Göttinnen und Frauen gegen Todesmächte und Tod zum Tragen, die sich bis in die neutestamentlichen Schriften durchzieht (Schroer 2006). Umgekehrt machen sich in der frühjüdischen Zeit Stimmen bemerkbar, die den Frauen eine Urschuld an der Sterblichkeit aller Menschen zuzuweisen versuchen.

Silvia Schroer

Literatur zu Tod und Gender im alten Israel

Fischer, Irmtraud, Rut als Figur des Lebens. Ein Einspruch gegen die Konstruktion des Zusammenhangs «Frau und Tod»: Jahrbuch für Biblische Theologie 19 (2004), 103–20. **Fischer**, Irmtraud, Ist der Tod nicht für alle gleich? Sterben und Tod aus Genderperspektive, in: Angelika Berlejung / Bernd Janowski (Hg.), Tod und Jenseits im alten Israel und in seiner Umwelt. Theologische, religionsgeschichtliche, archäologische und ikonographische Aspekte (Forschungen zum Alten Testament 64), Tübingen 2009, 87–109. **Schroer**, Silvia, Häusliche und ausserhäusliche religiöse Kompetenzen israelitischer Frauen – am Beispiel von Totenklage und Totenbefragung, lectio difficilior 1/2002 (www.lectio.unibe.ch). **Schroer**, Silvia, Liebe und Tod im Ersten (Alten) Testament, in: Peter Rusterholz / Sara M. Zwahlen (Hg.), Liebe und Tod. Gegensätze – Abhängigkeiten – Wechselwirkungen, Bern u. a. 2006, 35–52. **Schroer**, Silvia, Trauerriten und Totenklage im Alten Israel. Frauenmacht und Machtkonflikte, in: Angelika Berlejung / Bernd Janowski (Hg.), Tod und Jenseits im alten Israel und in seiner Umwelt. Theologische, religionsgeschichtliche, archäologische und ikonographische Aspekte (Forschungen zum Alten Testament 64), Tübingen 2009, 299–321. **Schroer**, Silvia, Biblische Klagetradition zwischen Ritual und Literatur. Eine genderbezogene Skizze, in: Margaret Jaques (Hg.), Klagetraditionen. Form und Funktion der Klage in den Kulturen der Antike (Orbis Biblicus et Orientalis 251), Freiburg CH / Göttingen 2011, 21–38. **Wuckelt**, Agnes, Sterben Frauen anders als Männer? Todeserzählungen geschlechterspezifisch betrachtet: Bibel und Kirche 61/1 (2006), 22–26.

In der *Kirchengeschichte* kommt die Historiographie zu Geschlecht und Tod seit wenigen Jahren in Gang. Das Thema «Sterben und Tod» erfreut sich spätestens seit dem Erscheinen von Philippe Ariès' «Geschichte des Todes» (frz. 1978) grossen Interesses in der Geschichte, in der historischen Anthropologie sowie in der Kirchen- und Religionsgeschichte. Soziale, medizinische und mediale Entwicklungsprozesse haben in den letzten Jahren zu einer neuen Wahrnehmung und einer «neuen Sichtbarkeit des Todes» (Thomas Macho) geführt. Dabei wird bei aller Säkularisierung des Sterbens die traditionelle Zuständigkeit der Kirchen für Sterben und Tod zwar durch neue Anbieter ergänzt, prinzipiell jedoch nicht in Frage stellt. Wird Religion als Bewahrung individueller Erinnerung und Erhaltung des kollektiven Gedächtnisses angesehen – so etwa der Ansatz des Ägyptologen Jan Assmann –, dann steht eine historische Beschäftigung mit dem Thema, die Symbole und Riten, normative Zeugnisse sowie Lebens- und Erfahrungswelten einbezieht, ausser Frage.

Der Aspekt «Geschlecht» wird allerdings in Ariès' magistralen Werken über den Tod nicht eigens behandelt. Erst nach ihm wurde die Frage nach kulturellen Vorstellungen über Frauen und Tod sowie nach historisch wechselnden, geschlechterbezogenen Konstruktionen in der Situation von Sterben und Tod bewusst gestellt. Das wachsende Interesse zielt bislang punktuell auf einzelne Themen und Zeiträume, in denen Frauen entweder aktiv als Ritualexpertinnen auftreten oder ihr Leben und Handeln in Predigten und Nachrufen kontextuell oder im Hinblick auf materielle und visuelle Zeugnisse des Totenkults «geschlechtert» erzählt und gedeutet wird.

In religionsgeschichtlichen Arbeiten über den Umgang von Religionen mit dem Tod wird in jüngster Zeit auf die Korrelation von weiblicher Todesmacht und weiblicher Lebensmacht hingewiesen sowie darauf, dass Todesgöttinnen in vielen Kulturen bekannt sind (Heller 2012). Auf dem Gebiet von Kirchen- oder Christentumsgeschichte machten kulturhistorische Studien über Frauen und Tod den Anfang, in denen auch Religion anhand von kulturgeschichtlich relevanten Texten oder künstlerischen Darstellungen thematisiert wurde (Women and Death 2008-2010; Bronfen 1987, 1994); dabei spielte die kulturelle Rezeption biblischer Erzählungen eine wichtige Rolle: Geschichten über tötende Frauen (wie etwa Jael und Judit), über Frauen als Opfer (etwa Jiftachs Tochter) oder die Überlieferung über gewalttätige Frauen, aber auch Frauen als Repräsentantinnen des Todes wie etwa die «Tödin» mit ihrer Sense in mittelalterlichen Buchmalereien ab dem 12. Jahrhundert, die allerdings im Vergleich zum «Sensenmann» marginal bleibt. Zu dieser textuell und visuell wahrnehmbaren Kulturgeschichte von Geschlecht und Tod gehört auch – im Rahmen von Totentänzen – die Begegnung des Todes mit Frauen, insbesondere das im 16. Jahrhundert entstehende Motiv «Das Mädchen und der Tod» und die seit dem 19. Jahrhundert verstärkt damit verbundene Todeserotik.

Was die kirchenhistorische Forschung angeht, so bleibt das Thema «Geschlecht und Tod» bisher auf Einzelthemen und einzelne Epochen beschränkt und ist insofern fragmentarisch. Drei Themengebiete mögen dies exemplarisch erläutern. In den letzten Jahrzehnten boomt erstens die Forschung über Leichenpredigten, vor allem des 16.–18. Jahrhunderts, die wichtige Medien der Erinnerungskultur darstellen. In diesem Zusammenhang werden auch die Charakteristika weiblichen und männlichen Sterbens und die angemessene Bereitung auf das Sterben untersucht, für die sich auch autobiographische Aufzeichnungen als aufschlussreich erweisen. Ist der Tod noch bis ins 18. Jahrhundert für Männer und Frauen Bestandteil eines kollektiv erlebten Erfahrungszusammenhangs, so wird er im 19. Jahrhundert zu einer intimen Angelegenheit und familiarisiert. Die Neuzeit (1500–1800) ist relativ gut erforscht; allerdings sind derartige Untersuchungen auf eine gute Quellenlage angewiesen und beziehen sich deshalb zumeist auf erhalten gebliebene Leichenpredigtsammlungen bestimmter Städte und Regionen in Europa (u. a. Roth 1993). Viel weniger hingegen sind bisher das 19. und 20. Jahrhundert erforscht. Bisherige Untersuchungen behandeln in der Regel Frauen und Tod und geben interessante Einblicke in weibliche Lebenskonzepte und -welten sowie funeralliterarische Erinnerungs- und Identitätspolitiken, ohne «Geschlecht» als historisch wechselnde Konstruktion der Beziehung zwischen Frauen und Männern bzw. von Weiblichkeits- und Männlichkeitszuschreibungen ausdrücklich in den Blick zu nehmen.

In der umfangreichen Literatur über Christenverfolgungen in der frühen Kirche finden sich zweitens auch Berichte über das Martyrium von Frauen, am bekanntesten das Zeugnis über Perpetua und Felicitas (Jensen 1992; s. auch den Beitrag von Angela Berlis in diesem Band). Im Erzählen des Martyriums werden Weiblichkeit und Männlichkeit gestaltet, am Tod werden kulturelle Normen verhandelt. Die Geschichte des Martyriums kann als Gendergeschichte beschrieben werden; dies zeigt Anneke Mulder-Bakker für das Mittelalter und Peter Burschel für die Neuzeit auf (Mulder-Bakker 2005; Burschel 2003). Burschel zufolge werden angemessenes Leben und Sterben für Frauen und Männer in der frühen Neuzeit unterschiedlich gegendert. Die religiöse Deutung des unzeitigen oder vorzeitigen Todes – etwa in der Krankenpflege durch Diakonissen in Kriegen des 19. Jahrhunderts – ist in Untersuchungen nach Krieg, Religion und Geschlecht anfänglich thematisiert (Büttner 2009).

Neben Untersuchungen zu Funeralliteratur seit der Neuzeit sowie zu Martyrium und vorzeitigem Tod in der gesamten Kirchen- bzw. Christentumsgeschichte sind drittens auf dem Grenzgebiet zwischen Kirchengeschichte und *Liturgiewissenschaft* Untersuchungen im Umfeld des Totenkultes zu nennen: Forschungsarbeiten zu kirchlichen Bestattungsliturgien und -ritualen sind bisher kaum gendersensibel. Dabei machen solche gottesdienstlichen und rituellen Formen historische und theologisch beglaubigte Vorstellungen über Tod und

Sterben sichtbar, daneben implizit auch soziale, politische und gegenderte Sichtweisen. Von Frauen praktizierte Rituale der Trauer und Totenklage sind seit dem frühen Christentum belegt (Corley 2010) und waren ikonographisch-frömmigkeitsgeschichtlich über viele Jahrhunderte prägend, etwa mit Darstellungen der Beweinung Christi durch Maria, Maria Magdalena und Johannes als «Trauerarbeit mit verteilten Rollen» (Bischoff 1993). Ein kirchliches Hochfest wie Mariä Entschlafen bietet bis heute in Griechenland Anlass für gegenderte Formen des Feierns und gegenderte Erinnerungskultur (Håland 2012). (Heilige) Frauen als Sterbe- und Seelenbegleiterinnen geraten bislang erst selten ins wissenschaftliche (theologische) Blickfeld – was gerade angesichts einer reichhaltigen und ständig wachsenden rituellen und liturgischen Gebrauchsliteratur auf diesem Gebiet erstaunt, die sich zum Teil auf historisch-kulturelles und liturgisches Brauchtum beruft und es für zeitgenössische Entwürfe verwendet (Kutter 2010). Schliesslich sei darauf hingewiesen, dass auch die Untersuchung materieller Kulturzeugnisse – wie etwa die Herrichtung des Leichnams im Totenkleid (Ellwanger 2010; Berlis 2014) – erhellend sein kann, um die Verbindungen von Totenkult und Geschlecht als textile und visuelle Medien religiöser Hoch- und Alltags-, aber auch von Körperkultur historisch zu analysieren.
Angela Berlis

Literatur zu Tod und Gender in Kirchen- und Kulturgeschichte

Bepler, Jill, Women in German Funeral Sermons. Models of Virtue or Slice of Life?: German Life and Letters 44 (1991), no. 5, 392–403. **Berlis**, Angela, Means of Submission or Symbol of Protest? The Habit of the Sister of St Charles Borromeo Amalie Augustine von Lasaulx (1815–1872), in: R. Ruard Ganzevoort / Maaike de Haart / Michael Scherer-Rath (Hg.), Religious Stories We Live By. Narrative Approaches in Theology and Religious Studies, Leiden / Boston 2014, 263–277. **Bischoff**, Cordula, Maria, Maria Magdalena und Johannes – Trauerarbeit mit verteilten Rollen, in: Claudia Opitz / Hedwig Röckelein / Gabriela Signori / Guy P. Marchal (Hg.), Maria in der Welt. Marienverehrung im Kontext der Sozialgeschichte 10.–18. Jahrhundert (Clio Lucernensis 2) Zürich 1993, 139–151. **Bronfen**, Elisabeth, Die schöne Leiche. Weiblicher Tod als motivische Konstante von der Mitte des 18. Jahrhunderts bis in die Moderne, in: Renate Berger / Inge Stephan (Hg.), Weiblichkeit und Tod in der Literatur, Köln / Wien 1987, 87–116. **Bronfen**, Elisabeth, Nur über ihre Leiche. Tod, Weiblichkeit und Ästhetik, München 1994. **Büttner**, Annette, «Der Herr ist meines Lebens Kraft, vor wem sollte ich mich fürchten?». Die religiöse Deutung des vorzeitigen Todes durch evangelische Diakonissen im 19. Jahrhundert, in: Thorsten Halling u. a. (Hg.), Premature Death. Patterns of Identity and Meaning from a Historical Perspective, (Special Issue, Historische Sozialforschung 34), Köln 2009, 133–153. **Burschel**, Peter, Male Death – Female Death. On the Anthropology of Martyrdom in the Early Modern Period, in: Jürgen Beyer / Albrecht Burkardt / Fred van Lieburg / Marc Wingens (Hg.), Confessional Sanctity (c. 1500 – c. 1800), Mainz 2003, 93–112. **Corley**, Kathleen E., Maranatha. Women's Funerary Rituals and Christian Origins, Minneapolis 2010. **Ellwanger**, Karen u. a. (Hg.), «Das letzte Hemd». Zur Konstruktion von Tod und Geschlecht in der materiellen und visuellen Kultur,

Bielefeld 2010. **Guthke**, Karl S., Ist der Tod eine Frau? Geschlecht und Tod in Kunst und Literatur, München 1997. **Håland**, Evy Johanne, The Dormition of the Virgin Mary on the Island of Tinos. A Performance of Gendered Values in Greece: Journal of Religious History 36 (2012), 89–117. **Heller**, Birgit, Der Tod hat ein Geschlecht, in: dies., Wie Religionen mit dem Tod umgehen. Grundlagen für die interkulturelle Sterbebegleitung, Freiburg i. Br. 2012, 11–25. **Jensen**, Anne, Gottes selbstbewusste Töchter. Frauenemanzipation im frühen Christentum?, Freiburg i. Br. 1992. **Kutter**, Erni, Schwester Tod. Weibliche Trauerkultur. Abschiedsrituale, Gedenkbräuche, Erinnerungsfeste, München 2010 (²2011). **Mulder-Bakker**, Anneke B., Gendering Medieval Martyrdom. Thirteenth-Century Lives of Holy Women in the Low Countries, in: Johan Leemans (Hg.), More Than a Memory. The Discourse of Martyrdom and the Construction of Christian Identity in the History of Christianity, Leuven 2005, 221–239. **Roth**, Dorothea, Das Bild der Frau in der Basler Leichenrede 1790–1914: Basler Zeitschrift für Geschichte und Altertumskunde 93 (1993), 5–77. **Women and Death**, Rochester N.Y., 2008–2010, 3 Bde.: 1. Helen Fronius / Anna Linton (Hg.), Representations of Female Victims and Perpetrators in German Culture 1500–2000; 2. Sarah Colvin / Helen Watanabe-O'Kelly (Hg.), Warlike Women in the German Literary and Cultural Imagination Since 1500; 3. Clare Bielby / Anna Richards (Hg.), Women's Representations of Death in German Culture Since 1500.

Innerhalb der *Dogmatik* sind es vor allem drei Hauptorte, an denen das Thema «Tod und Gender» zu erörtern wäre: die theologische Anthropologie (im Horizont der Schöpfungslehre sowie der Soteriologie und Hamartiologie), die Deutungen des Kreuzestodes Jesu in der Christologie und die Eschatologie als die Lehre von der begründeten Hoffnung auf eine göttliche Vollendung irdischen Lebens nach dem Tod. Darüber hinaus könnte auch die Sakramentenlehre, sofern Taufe und Abendmahl nicht ohne die Thematisierung des Todes auskommen, ein Ort dogmatischer Reflexion auf die Beziehung von Tod und Gender sein, etwa im Hinblick auf die Todes- und / oder Lebensmetaphorik des Taufwassers (Berger 2004; Frettlöh 2009a). Ein Blick in aktuelle dogmatische Gesamtentwürfe, in theologische Anthropologien und in Eschatologie-Bücher und -Aufsätze lässt rasch erkennen, dass eine gendersensible dogmatische Reflexion auf Tod und Sterben und die über das irdische Leben hinausgehenden Hoffnungen noch fast völlig fehlt. Einzig innerhalb der Christologie gibt es – im Horizont der vielstimmigen Kritik an einer einseitig sühneopfertheologischen Interpretation des Todes Jesu – eine Vielzahl von genderperspektivierten Arbeiten.

Zwar wird in theologischen Anthropologien auf die geschöpfliche Endlichkeit des Menschen und die damit verbundenen Lebensbeeinträchtigungen reflektiert (Sauter 2011, 288ff.; Barth 1948, 671ff.; Moltmann, 2010, 113ff.), zwar gibt es gendersensibel bearbeitete konstitutive anthropologische Themen, insbesondere die Gottesbildlichkeit von Männern und Frauen (Gössmann 1989; Frettlöh 2002, 2009b, 153ff.; Walz 2005) und die Unterscheidung von Frauen- und Männersünde (Hartlieb 1997; Schneider 1995; Janowski 2006; Kuhlmann / Schäfer-Bossert 2006), doch eine anthropologische Tod-Gender-Knüpfung sucht man in der evangelischen Dogmatik weithin vergebens. Vielmehr ist an die Stelle einer Fokussierung auf den Tod in der Folge von Martin Heideggers Bestimmung des Vorlaufens zum Tode als Inbegriff einer «eigentlichen Existenz» des Menschen die Orientierung am Beginn des Lebens, an der Gebürtlichkeit des Menschen, getreten – in Anknüpfung an die bewusst gegen Martin Heideggers Todesorientierung in «Sein und Zeit» entwickelte Natalitätskonzeption Hannah Arendts (Arendt 1981, 164ff.; Günter 2000; Prätorius 2008, 29ff.).

Ebenso gibt es in der Eschatologie, die seit dem letzten Jahrzehnt des 20. Jahrhunderts zu den am virulentesten diskutierten Topoi der Dogmatik gehört, nur wenige gendersensible Arbeiten. Wo die Genderkategorie Einzug in die eschatologische Forschung gehalten hat, geht es vor allem um Fragen von Kontinuität und Identität durch den radikalen Bruch, den der Tod darstellt, hindurch, um die Art und Weise der Bewahrung irdischer Lebensgeschichten und mit ihnen der Geschlechtsidentität (s. den Beitrag von Cristina Betz in diesem Band) und insbesondere um Fragen der Auferstehungsleiblichkeit (Felker Jones 2007; Stuart 1997). Grundlegende Weichenstellungen finden sich hier vor allem in den Texten von Ruth Heß auf der Basis einer genderperspektivierten Lektüre des paulinischen Eschatologiekapitels 1Kor 15 sowie in den – an Gregor von Nyssa wie an Judith Butler anknüpfenden – Arbeiten der systematischen Theologin und Religionsphilosophin Sarah Coakley. Auch erweisen sich zum einen die differenzierten Erträge aus dem Eschatologie-Forschungsschwerpunkt J. Christine Janowskis als deutlich anschlussfähig für eine gegenderte Eschatologie (Janowski 2000, 2002, 2009); zum anderen sind eschatologische Arbeiten, die sich überhaupt dem Thema der Auferstehungsleiblichkeit stellen (Althaus [5]1949, 115ff.; Ratzinger 2012; Thomas 2009; Weinrich 2006), auf das Motiv einer geschlechtsspezifischen Leiblichkeit hin zu befragen und weiterzuschreiben.

Darüber hinaus anknüpfungsfähig für eine gendergerechte Eschatologie sind die zahlreichen eschatologischen Arbeiten Jürgen Moltmanns und Friedrich-Wilhelm Marquardts, deren systematische Theologien insgesamt auf einen eschatologischen Grundton gestimmt sind, sowie Magdalene L. Frettlöhs Bausteine einer an (menschlichen und göttlichen) Eigennamen orientierten Eschatologie (2005, 2013).

Innerhalb der Dogmatik ist der deutlichste Nachholbedarf der theologischen Disziplinen hinsichtlich einer genderspezifischen Ausdifferenzierung mit dem Tod verbundener Themen zu verzeichnen. Das hängt nicht zuletzt daran, dass in der Dogmatik immer noch die allgemeine Rede von dem Menschen vorherrscht. In dogmatischen Lehrbüchern, Monographien oder Aufsatzsammlungen finden sich höchstens marginale Beobachtungen und Reflexionen zu geschlechtsspezifischen Todesmetaphern wie «Gevatter Tod» oder «Tödin», es wird nicht auf unterschiedliche Haltungen von Frauen und Männern gegenüber dem eigenen und dem Tod anderer reflektiert, obwohl bereits die unterschiedliche Haltung von Jüngern und Jüngerinnen bei der Kreuzigung Jesu Anlass zu solcher Differenzierung gäbe; schon gar nicht begegnen geschlechtlich differenzierte eschatologische Hoffnungsinhalte. In der Dogmatik ist der Zusammenhang von Tod und Gender ein fast gänzlich unbeackertes Feld.

Zur Schliessung einer solch gravierenden Lücke empfiehlt sich etwa der Einstieg mit einem Forschungsprojekt, dessen geschlechtsspezifische Implikationen auf der Hand liegen und das nicht nur von theologischer und kirchlicher, sondern insgesamt von hoher gesellschaftlicher Relevanz ist und dessen grundständige Bearbeitung wegweisende Ergebnisse für die Theologie und die Kirche(n) wie für andere gesellschaftliche Systeme verspricht. Eben dies trifft auf das Thema «Stille Geburt in eschatologischer Perspektive» (Reist 2012) zu. Als vielversprechend erweisen sich darüber hinaus verwegene Konfigurationen, die gegenwärtige interdisziplinäre Genderdiskurse mit dem in Vergessenheit geratenen – der Anachronismus sei erlaubt! – genderbewussten Erbe von Kirchenvätern wie Gregor von Nyssa (Coakley 2003), Reformatoren wie Martin Luther (s. o. die Einführung) oder Theologen des 19. und 20. Jahrhunderts wie Friedrich Schleiermacher (Hartlieb 2006) oder Karl Barth (Janowski 1995) ins Gespräch bringen.

Magdalene L. Frettlöh

Literatur zu Tod und Gender in der Dogmatik

Althaus, Paul, Die letzten Dinge. Lehrbuch der Eschatologie, Gütersloh ⁵1949. **Arendt**, Hannah, Vita activa oder Vom tätigen Leben, München 1967, Neuausgabe 1981 (The Human Condition, Chicago 1958). **Barth**, Karl, Die Kirchliche Dogmatik III/2, Zollikon-Zürich 1948. **Berger**, Teresa, Von Fruchtwasser und Taufwasser. Eintauchen in das eine Leben?, in: Evangelische Frauenarbeit in Württemberg (Hg.), Ins Leben eintauchen! Feministisch-theologische Beiträge zur Taufe (edition akademie 8), Bad Boll 2004, 71–84. **Coakley**, Sarah, The Eschatological Body. Gender, Transformation, and God: Modern Theology 16/1 (2000), 61–73. **Coakley**, Sarah (Hg.), Re-Thinking Gregory of Nyssa (Directions in Modern Theology), Oxford 2003. **Coakley**, Sarah (Hg.), Religion and the Body (Cambridge Studies in Religious Traditions 8), Cambridge 2010. **Felker Jones**, Beth, Marks of His Wounds. Gender Politics and Bodily Resurrection, Oxford 2007. **Frettlöh**, Magdalene L., Wenn Mann und Frau im Bilde Gottes sind. Über geschlechtsspezifische Gottesbilder, die Gottesbildlichkeit des Menschen und das Bilderverbot, Wuppertal 2002. **Frettlöh**, Magdalene L., «Ja den Namen, den wir geben, schreib ins Lebensbuch zum Leben». Zur Bedeutung der biblischen Metapher vom «Buch des Lebens» für eine entdualisierte Eschatologie, in: Ruth Heß / Martin Leiner (Hg.), Alles in allem. Eschatologische Anstöße. J. Christine Janowski zum 60. Geburtstag, Neukirchen-Vluyn 2005, 133–166. **Frettlöh**, Magdalene L., Eingetaucht in den Namen des dreieinigen Gottes. Taufe – Name – Raum, in: Gott, wo bist Du? Kirchlich-theologische Alltagskost. Bd. 2 (Erev-Rav-Hefte: Biblische Erkundungen 11), Wittingen 2009, 62–78 (2009a). **Frettlöh**, Magdalene L., Gott Gewicht geben. Bausteine einer geschlechtergerechten Gotteslehre, Neukirchen Vluyn ²2009 (2009b). **Frettlöh**, Magdalene L., Namhafte Auferweckung. Tastende Annäherung an die eschatologische Funktion des Eigennamens, in: dies. / Andreas Krebs / Torsten Meireis, Tastend von Gott reden. Drei systematisch-theologische Antrittsvorlesungen aus Bern, Zürich 2013, 73–127. **Gössmann**, Elisabeth, Glanz und Last der Tradition. Ein theologiegeschichtlicher Durchblick, in: Theodor Schneider (Hg.), Grundprobleme theologischer Anthropologie (Quaestiones disputatae 121), Freiburg i. Br. 1989, 25–52. **Günter**, Andrea, Die weibliche Hoffnung der Welt. Die Bedeutung des Geborenseins und der Sinn der Geschlechterdifferenz, Gütersloh 2000. **Hartlieb**, Elisabeth, Die feministische Rede von der Sünde. Grundstrukturen feministischer Argumentationen, in: Sigrid Brandt / Marjorie H. Suchocki / Michael Welker (Hg.), Sünde: ein unverständlich gewordenes Thema, Neukirchen-Vluyn 1997, 155–174. **Hartlieb**, Elisabeth, Geschlechterdifferenz im Denken Friedrich Schleiermachers (Theologische Bibliothek Töpelmann 136), Berlin / New York 2006. **Heß**, Ruth, «Es ist noch nicht erschienen, was wir sein werden». Biblisch-(de-) konstruktivistische Anstöße zu einer entdualisierten Eschatologie der Geschlechterdifferenz, in: dies. / Martin Leiner (Hg.), Alles in allem. Eschatologische Anstöße, Neukirchen-Vluyn 2005, 291–323. **Heß**, Ruth, «...darin ist nicht männlich und weiblich». Eine heilsökonomische Reise mit dem Geschlechtskörper, in: Jürgen Ebach u. a. (Hg.), «Dies ist mein Leib». Leibliches, Leibeigenes und Leibhaftiges bei Gott und den Menschen (Jabboq 6), Gütersloh 2006, 144–185. **Heß**, Ruth, «...männlich und weiblich schuf ER sie»!? IdentitätEn im Gender Trouble, in: Alexander Deeg u. a. (Hg.), Identität. Biblische und theologische Erkundungen, Göttingen 2007, 164–188. **Janowski**, J. Christine, Zur paradigmatischen Bedeutung der Geschlechterdifferenz in K. Barths «Kirchlicher Dogmatik», in: Helga Kuhlmann (Hg.), Und drinnen waltet die züchtige Hausfrau. Zur Ethik der Geschlechterdifferenz, Gütersloh 1995, 140–186. **Janowski**, J. Christine, Allerlösung. Annäherungen an eine entdualisierte Eschatologie (Neukirchner Beiträge zur systematischen Theologie 23/1–2), Neukirchen-Vluyn 2000. **Janowski**, J. Christine, «Was wird aus den Kindern...?». Einige Anfragen an die klassische Theologie in Zuspitzung auf die eschatologische Perspektive: Jahrbuch für Biblische Theologie 17 (2002), 337–367. **Janowski**, J. Christine, Das Gewirr des Bösen – böses Gewirr. Semantische, strukturelle und symbolische Aspekte «des Bösen» in Zuspitzung auf Genderkonfigurationen, in: Helga Kuhlmann / Stefanie Schäfer-Bossert (Hg.), Hat das Böse ein Geschlecht? Theologische und religionswissenschaftliche Verhältnisbestimmungen, Stuttgart 2006, 12–30. **Janowski**, J. Christine, Eschatologischer Dualismus oder Allerlösung?, in: Thomas Herkert / Matthias Remenyi (Hg.), Zu den letzten Dingen. Neue Perspektiven der Eschatologie, Darmstadt 2009, 123–173. **Kuhlmann**, Helga / Schäfer-Bossert, Stefanie (Hg.), Hat das Böse ein Geschlecht? Theologische und religionswissenschaftliche Verhältnisbestimmungen, Stuttgart 2006. **Marquardt**, Friedrich-Wilhelm, Was dürfen wir hoffen, wenn wir hoffen dürften? Eine Eschatologie, Bd. 3, Gütersloh 1996. **Marquardt**, Friedrich-Wilhelm, Eia, wärn wir da – eine theologische Utopie, Gütersloh 1997. **Moltmann**, Jürgen, Das Kommen Gottes. Christliche Eschatologie, Gütersloh 1995. **Moltmann**, Jürgen, Im Ende – der Anfang. Eine kleine Hoffnungslehre, Gütersloh 2003. **Moltmann**, Jürgen, Ethik der Hoffnung, Gütersloh 2010. **Praetorius**, Ina, Gott dazwischen. Eine unfertige Theologie, Ostfildern 2008. **Ratzinger**, Joseph, Auferstehung und ewiges Leben. Beiträge zur Eschatologie und zur Theologie der Hoffnung (Gesammelte Schriften 10), Freiburg i. Br. / Basel / Wien 2012. **Reist**, Kathrin, Stille Geburt in eschatologischer Perspektive. Eine interdisziplinäre Spurensuche zum Umgang mit still geborenen Kindern, Seminarararbeit Bern 2012 (unveröffentlicht). **Sauter**, Gerhard, Das verborgene Leben. Eine theologische Anthropologie, Gütersloh 2011. **Schneider**, Gunda, Frauensünde? Überlegungen zu Geschlechterdifferenz und Sünde, in: Helga Kuhlmann (Hg.), Und drinnen waltet die züchtige Hausfrau. Zur Ethik der Geschlechterdifferenz, Gütersloh 1995, 189–205. **Stuart**, Elizabeth, Sex in Heaven. The Queering of Theological Discourse on Sexuality, in: Jon

Davies / Gerard Loughlin (Hg.), Sex These Days. Essays on Theology, Sexuality and Society (Studies in Theology and Sexuality 1), Sheffield 1997, 184–204. **Thomas**, Günter, Neue Schöpfung. Systematisch-theologische Untersuchungen zur Hoffnung auf das «Leben in der zukünftigen Welt», Neukirchen-Vluyn 2009. **Walz**, Heike, Und Gott schuf sie – jenseits von Frau und Mann? Geschlechtsreflexive theologische Anthropologie, in: Christina Aus der Au (Hg.), Menschsein denken. Anthropologien in theologischen Perspektiven, Neukirchen-Vluyn 2005, 63–86. **Weinrich**, Michael, Auferstehung des Leibes. Von den Grenzen beim diesseitigen Umgang mit dem Jenseits, in: Jürgen Ebach u. a. (Hg.), «Dies ist mein Leib». Leibliches, Leibeigenes und Leibhaftiges bei Gott und den Menschen (Jabboq 6), Gütersloh 2006, 103–143.

Die Rezeption des Genderdiskurses in der *Religionspädagogik* nimmt verstärkt gewollt vielfältige Konturen an (Kaupp 2011; Pemsel-Maier 2013; Pithan u. a. 1999, 2009; Qualbrink u. a. 2011), und entsprechend ist Geschlechter- und Differenzsensibilität als Dimension und «Querschnittaufgabe» (Kaupp 2013) wissenschaftlicher religionspädagogischer und -didaktischer Bemühungen stets mitzubedenken bzw. nicht (mehr) auszublenden (Jakobs 2003, 2013; Pithan 2007). Umso mehr erstaunt es, wenn im Jahrbuch für Religionspädagogik (Englert 2010) «Was letztlich zählt – Eschatologie» keiner der 23 Beiträge eine explizit gegenderte Sicht auf den Sachverhalt wirft, wobei vor allem die empiriebezogenen Forschungsberichte und Untersuchungen zu Todesvorstellungen bei Kindern (Mette 2010; Plieth [4]2009, 2010, 2013) und Jugendlichen (Streib / Klein 2010) ihre Ergebnisse ohne Genderkompass darlegen, wie dies im übrigen allgemein für die empirische Religiositätsforschung bei Jugendlichen erkennbar ist (man begnügt sich meist mit dem Hinweis, dass Mädchen tendenziell religiöser sind, ohne diesen Befund jedoch genderkritisch zu erörtern). Zwar wird etwa kurz skizziert, dass «Mädchen und Jungen sich einen anderen Himmel träumen» (Naurath 2010), doch bleibt diese Feststellung im Deskriptiven. Auch die Tradition der Kindertheologie hat in ihrer Forschung bislang keinen spezifischen Akzent auf Tod und Gender gesetzt (Müller / Ralla 2011).

Ebensowenig wird in einer Reihe von empirisch orientierten religionspädagogischen Qualifikationsarbeiten, die sich mit Themen im Umkreis des Todes beschäftigen, die Dimension Gender integriert, selbst wenn vereinzelt auf differierende Repräsentationen bei Mädchen und Jungen hingewiesen wird: Heilsbedeutung des Kreuzestodes Jesu Christi bei Jugendlichen (Albrecht 2007), Auferstehungsvorstellungen von GrundschülerInnen (Butt 2009), Kindertheologie am Beispiel der Deutung des Todes Jesu (Zimmermann 2010), religionspädagogische Relevanz des Fegefeuers (Paul 2011). Auch in der – allerdings nicht leicht zu überblickenden – Unterrichtsliteratur zu Tod, Sterben und Eschatologie finden sich m. W. keine Entwürfe mit explizitem Gendervorzeichen.

«Tod und Gender» in der Religionspädagogik ist also ein empirisch, theoretisch wie unterrichtspraktisch bislang unbearbeitetes Feld. Dies überrascht wenig, da die religionspädagogische Genderforschung sich im Anschluss an die feministische Religionspädagogik vorerst grundlegenden Fragen zu Gender und Religionspädagogik, zu Geschlechtergerechtigkeit in Schule und Unterricht sowie zu Gender und Bibel annahm (Qualbrink u. a. 2011). Auf der Ebene der Theologumena wurde (verständlicherweise) zuerst und vor allem am Gottesbild bzw. an gendersensibler Gottesrede gearbeitet, um den entsprechenden perspektivischen «Mehrwert» aufzuzeigen (vgl. die entsprechenden Arbeiten im Sammelband von Qualbrink u. a. 2011). Hier gälte es anzuschliessen (zumal empirisch Gottes- und Todesvorstellungen stark zusammenhängen: Streib 2010) und in religionspädagogischer Absicht auch das Sprechen vom Tod und von den letzten Dingen der Analysekategorie Gender zu unterziehen bzw. die Untersuchungsfrage des *doing gender* zu stellen: Wie und in welchen Prozessen nehmen sich Menschen, insbesondere Mädchen und Jungen, in Bezug auf Tod und die letzten Dinge wahr? (Frei nach Kaupp 2013, 238.) Nötig wären hierfür vor allem entsprechende empirische Studien bei Kindern, Jugendlichen und Lehrpersonen (!), eine thematische Fokussierung der gendersensiblen Schul- und Studienbuchforschung (Volkmann 2004) sowie der genderbewussten, religionspädagogisch ausgerichteten Bibellektüre und Dogmatik- bzw. Ethikrezeption. Dass Bibelrezeption (Arzt 1999, 2009; Renner 2013; Wischer 2007, 2009, 2011) und Gott (Beiträge in Qualbrink u. a. 2011 und Pithan u. a. 2009) ein Geschlecht haben, wurde religionspädagogisch aufschluss- und folgenreich erarbeitet; entsprechenden Entdeckungen in Bezug auf den Tod und die letzten Dinge sollte man sich daher nicht verschliessen, im Gegenteil.

Andreas Kessler (mit Dank an Annebelle Pithan)

Literatur zu Tod und Gender in der Religionspädagogik

Albrecht, Michaela, Für uns gestorben. Die Heilsbedeutung des Kreuzestodes Jesu Christi aus der Sicht Jugendlicher, Göttingen 2007. **Arzt**, Silvia, Frauenwiderstand macht Mädchen Mut. Die geschlechtsspezifische Rezeption einer biblischen Erzählung, Wien 1999. **Arzt**, Silvia, Bibel lesen als Mädchen, als Junge. Gender und Textrezeption, in: Pithan u. a. 2009, 262–272. **Butt**, Christian, Kindertheologische Untersuchungen zu Auferstehungsvorstellungen von Grundschülerinnen und Grundschülern, Göttingen 2009. **Edelbrock**, Anke, Was kann die Kategorie *gender* für die Religionspädagogik leisten?, in: Pemsel-Maier 2013, 145–165. **Englert**, Rudolf u. a. (Hg.), Was letztlich zählt – Eschatologie (Jahrbuch der Religionspädagogik 26), Neukirchen-Vluyn 2010. **Jakobs**, Monika, Feminismus, Geschlechtergerechtigkeit und Gender in der Religionspädagogik: Theo-Web. Zeitschrift für Religionspädagogik 2 (2003), 73–93. **Jakobs**, Monika, Gender in Theologie und Religionspädagogik. Politisches Potenzial, neoliberale Fallen und selbstkritische

Anfragen, in: Judith Krönemann / Norbert Mette (Hg.), Bildung und Gerechtigkeit. Warum religiöse Bildung politisch sein muss, Ostfildern 2013, 117–134. **Kaupp**, Angela, Gender und christliche Theologie – ein noch kaum erforschtes Tandem, in: Nadine Weibel (Hg.), Weiblicher Blick – Männerglaube. Religions d'hommes – regards de femmes. Beiträge zur Gender-Perspektive in den Religionen. Münster 2008, 28–38. **Kaupp**, Angela, Gendersensible Katechese (zusammen mit Markus Kaupp-Herdick), in: dies. / Stephan Leimgruber / Monika Scheidler (Hg.), Handbuch der Katechese. Für Studium und Praxis, Freiburg i. Br. 2011, 247–260. **Kaupp**, Angela, Gender Studies – ein Mehrwert für die Praktische Theologie?, in: Pemsel-Maier 2013, 215–243. **Mette**, Norbert, Vorstellungen von Kindern über den Tod und ein Leben nach dem Tod. Eine Durchsicht neuerer Forschungsberichte, in: Englert u. a. 2010, 43–49. **Müller**, Peter / Ralla, Mechthild (Hg.), Alles Leben hat ein Ende. Theologische und philosophische Gespräche mit Kindern, Frankfurt a. M. 2011. **Naurath**, Elisabeth, «Um Himmels willen…!». Mit Kindern im Religionsunterricht über das irdische Leben und Sterben hinausfragen, in: Englert u. a. 2010, 215–224. **Paul**, Andrea, «Fegefeuer» in der katholischen Theologie. Studien zur religionspädagogischen Relevanz für heutige Glaubenserfahrungen, Berlin 2011. **Pemsel-Maier**, Sabine (Hg.), Blickpunkt Gender. Anstöss(ig)e(s) aus Theologie und Religionspädagogik, Frankfurt a. M. 2013. **Pithan**, Annebelle / Elsenbast, Volker / Fischer, Dietlind, Geschlecht – Religion – Bildung. Ein Lesebuch, Münster 1999. **Pithan**, Annebelle, Differenz als Kategorie der Religionspädagogik am Beispiel von Geschlechterkonstruktionen, in: Reinhold Boschki / Matthias Gronove (Hg.), Junge Wissenschaftstheorie der Religionspädagogik. Münster 2007, 158–178. **Pithan**, Annebelle / Arzt, Silvia / Jakobs, Monika / Knauth, Thorsten (Hg.), Gender – Religion – Bildung, Beiträge zu einer Religionspädagogik der Vielfalt, Gütersloh 2009. **Plieth**, Martina, Kind und Tod. Zum Umgang mit kindlichen Schreckensvorstellungen und Hoffnungsbildern, Neukirchen-Vluyn ⁴2009. **Plieth**, Martina, Vom Himmel, der ist, und vom Himmel, der kommt. Hoffnungspotentiale im Vorstellungselement des ‹Himmlischen› bei Kindern, in: Englert u. a. 2010, 225–239. **Plieth**, Martina, Tote essen auch Nutella… Die tröstende Kraft kindlicher Todesvorstellungen, Freiburg i. Br. 2013. **Qualbrink**, Andrea / Pithan, Annebelle / Wischer, Mariele (Hg.), Geschlechter bilden. Perspektiven für einen genderbewussten Religionsunterricht, Gütersloh 2011. **Renner**, Alexandra, Bibellesen hat ein Geschlecht. Eine genderspezifische Lektüre des Juditbuches, in: Pemsel-Maier 2013, 185–196. **Streib**, Heinz / Klein, Constantin, Todesvorstellungen von Jugendlichen und ihre Entwicklung. Ein empirischer Beitrag, in: Englert u. a. 2010, 50–75. **Volkmann**, Angela, «Eva, wo bist du?». Die Geschlechterperspektive im Religionsunterricht am Beispiel einer Religionsbuchanalyse zu biblischen Themen, Würzburg 2004. **Wischer**, Mariele, Differenzen im Paradies, Aspekte einer geschlechtergerechten Bibeldidaktik in Theorie und Praxis, in: Christoph Bizer u. a. (Hg.), Bibeldidaktik (Jahrbuch der Religionspädagogik 23), Neukirchen-Vluyn 2007, 147–155. **Wischer**, Mariele, Lebens-Texte – genderreflektiert, Befreiende Bibeldidaktik für Kinder und Jugendliche, in: Pithan u. a. 2009, 273–286. **Wischer**, Mariele, Gendersensible Bibeldidaktik konkret. Schritte zu einer Unterrichtsvorbereitung zu «David und Goliat» (1Sam 17) mit der «Genderbrille», in: Qualbrink u. a. 2011, 198–212. **Zimmermann**, Mirjam, Kindertheologie als theologische Kompetenz von Kindern. Grundlagen, Methodik und Ziel kindertheologischer Forschung am Beispiel der Deutung des Todes Jesu, Neukirchen-Vluyn 2010.

Sterben und Tod sind Fundamentalthemen der *Praktischen Theologie*, die deshalb auch in keinem entsprechenden Lehrbuch fehlen. Im Bereich der *Poimenik* wurden sie früher in der Regel im Kontext von Trost und Trauer bzw. von Seelsorge am leidenden Menschen behandelt (s. z. B. Achelis 1893). Trotz dieser fachlichen

Verankerung trifft auch auf die Geschichte der Poimenik zu, was Gerhard Schmied 1985 disziplinenübergreifend feststellte, nämlich, dass die Wissenschaft die Notwendigkeit, sich vertieft mit Sterben und Tod zu befassen, zunehmend erkenne (Schmied 1985, 82). Im Zuge der einschneidenden demografischen Entwicklung bzw. der älter werdenden Bevölkerung richtete sich der Fokus in der Seelsorge u. a. insbesondere auf die Sterbebegleitung (z. B. Piper [4]1990; Lückel [2]1985), die heute, vor allem seit die Weltgesundheitsorganisation (WHO) und das Federal Office of Public Health (FOPH) «Spiritual Care» als integralen Bestandteil von «Palliative Care» anerkennen, in den Rang eines eigenständigen Untersuchungsfeldes der Seelsorgeforschung gerückt ist (Belok / Länzlinger / Schmitt 2012; Holder-Franz 2012; Noth 2014). Sterben wird dabei als eigene Lebensphase gewürdigt.

Diese neue Gewichtung der Sterbebegleitung in der Seelsorge, die auch unheilbar kranke Kinder miteinbezieht (Städtler-Mach 2004), geschieht umso stärker, als die religiös-spirituelle Begleitung Sterbender nicht mehr selbstverständlich in den Kompetenzbereich von Seelsorgenden fällt, sondern zunehmend auch von anderen Berufsgruppen geltend gemacht wird. Dabei erstaunt es, dass es trotz der beträchtlichen Zahl an Publikationen im Bereich feministischer Seelsorge dies- und jenseits des Atlantiks (u. a. Stevenson-Moessner / Snorton 2010; Riedel-Pfäfflin / Strecker 2011) und der verbreiteten Einsicht in Gender «als Grunddimension der Seelsorge an Einzelnen» und in Seelsorge selbst als «eine Form des ‹doing gender›» (Morgenthaler 2009, 115 u. 116) an Studien mangelt – im Gegensatz etwa zur Pflege (Schärer-Santschi 2012) –, die die Zusammenhänge zwischen Sterbebegleitung, Tod und Seelsorge genderperspektiviert analysieren und aufarbeiten. Neuere fachspezifische Veröffentlichungen integrieren zwar einzelne Genderaspekte (Lammer [5]2010), ohne sich dabei jedoch konzeptionell auf einen eigenständigen genderorientieren Seelsorgeentwurf zu diesem grundlegenden praktisch-theologischen Themenkomplex beziehen zu können. Dabei hat eine Vielzahl religionspsychologischer Studien in den vergangenen Jahrzehnten aufzuzeigen vermocht, dass gerade Religion und Spiritualität wirksame Ressourcen bei der Bewältigung kritischer Lebensereignisse, zu denen das Sterben und der Tod gehören, bilden können (Pargament 1997 u. ö.). Leider herrscht auch hier ein eklatanter Mangel an genderspezifischer Forschung (s. aber z. B. Galek u. a. 2008).

Die gegenwärtige Situation wird weiter verschärft durch die Herausforderungen des nötigen Erwerbs und der Reflexion interkultureller und -religiöser Kompetenzen in der Seelsorge (z. B. Weiß / Federschmidt / Temme 2010; Baumann 2011). Auch wenn multireligiöse und weltanschaulich plurale Gesellschaften aufgrund des Einflusses unterschiedlicher religiöser und kultureller Traditionen auf die Geschlechterbeziehungen vertiefte Auseinandersetzungen mit

Genderfragen erfordern – bei der Sterbebegleitung z. B. von MuslimInnen gilt es, anderes zu beachten als bei der von ChristInnen –, mangelt es noch an einer gründlichen genderorientierten Aufarbeitung von Sterben und Tod in einer auch interkulturell und -religiös sensiblen Seelsorge.
Isabelle Noth

Literatur zu Tod und Gender in der Praktischen Theologie / Seelsorge sowie zu Religion / Spiritualität als Copingressourcen und Gender in der Religionspsychologie

Abu-Raiya, Hisham / Pargament, Kenneth I., Putting Research into Practice. Toward a Clinical Psychology of Religion and Spirituality, in: Isabelle Noth / Christoph Morgenthaler / Kathleen J. Greider (Hg.), Pastoralpsychologie und Religionspsychologie im Dialog / Pastoral Psychology and Psychology of Religion in Dialogue, Stuttgart 2011, 13–27. **Achelis**, Ernst Christian, Praktische Theologie (Grundriss der Theologischen Wissenschaften 1), Freiburg i. Br. 1893. **Baumann**, Christoph Peter, Krankheit und Tod in den Religionen, Basel 2011. **Belok**, Manfred / Länzlinger, Urs / Schmitt, Hanspeter (Hg.), Seelsorge in Palliative Care, Zürich 2012. **Borck**, Sebastian, Seelsorge in der Palliativmedizin: Bundesgesundheitsblatt – Gesundheitsforschung – Gesundheitsschutz 49 (2006), 1122–1131. **Burbach**, Christiane / Heckmann, Friedrich (Hg.), Übergänge. Annäherungen an das eigene Sterben, Göttingen 2011. **Charbonnier**, Ralph, Seelsorge in der Palliativversorgung: Wege zum Menschen 60 (2008), 512–528. **Drewes**, Volker, Abschied vom Leben. Beratung von Angehörigen Sterbender, Göttingen 2010. **Fitchett**, George / Risk, James L., Screening for Spiritual Struggle: The Journal of Pastoral Care and Counseling, 63/1–2 (2009), 1–12. **Frick**, Eckhard, Spiritual Care – nur ein neues Wort?: Lebendige Seelsorge 60 (2009), 233–236. **Frick**, Eckhard / Roser, Traugott (Hg.), Spiritualität und Medizin. Gemeinsame Sorge für den kranken Menschen, München ²2011. **Galek**, Kathleen / Flannelly, Kevin J. / Jacobs, Martha R. / Barone, John D., Spiritual Needs. Gender Differences among Professional Spiritual Care Providers: The Journal of Pastoral Care and Counseling 62/1–2 (2008), 29–35. **Harding**, Stephen R. / Flannelly, Kevin J. / Galek, Kathleen / Tannenbaum, Helen P., Spiritual Care, Pastoral Care, and Chaplains. Trends in the Health Care Literature: Journal of Health Care Chaplaincy 14/2 (2008), 99–117. **Hefti**, René / Bee, Jacqueline (Hg.), Spiritualität und Gesundheit. Ausgewählte Beiträge im Spannungsfeld zwischen Forschung und Praxis, Bern u. a. 2012. **Holder-Franz**, Martina, «…dass du bis zuletzt leben kannst.». Spiritualität und Spiritual Care bei Cicely Saunders, Zürich 2012. **Jankowski**, Katherine R.B. / Handzo, George F. / Flannelly, Kevin J., Testing the Efficacy of Chaplaincy Care: Journal of Health Care Chaplaincy 17/3–4 (2011), 100–125. **Karle**, Isolde, Perspektiven der Krankenhausseelsorge. Eine Auseinandersetzung mit dem Konzept des Spiritual Care: Wege zum Menschen 62 (2010), 537–555. **König**, Harold G. / George W., Dying, Grieving, Faith, and Family. A Pasotral Care Approach, New York 1998. **Lammer**, Kerstin, Den Tod begreifen. Neue Wege in der Trauerbegleitung, Neukirchen-Vluyn ⁵2010. **Lamp**, Ida / Küpper-Popp, Karolin, Abschied nehmen am Totenbett. Rituale und Hilfen für die Praxis, Gütersloh 2006. **Lückel**, Kurt, Begegnung mit Sterbenden, München / Mainz ²1985. **Morgenthaler**, Christoph, Seelsorge (Lehrbuch Praktische Theologie), Gütersloh 2009. **Morgenthaler**, Christoph / Noth, Isabelle, Eine kulturell sensible Religionspsychologie und klinische Beratungspsychologie – Wunsch oder Wirklichkeit?, in: Isabelle Noth / Christoph Morgenthaler / Kathleen J. Greider (Hg.), Pastoralpsychologie und Religionspsychologie im Dialog / Pastoral Psychology and Psychology of Religion in Dialogue, Stuttgart 2011, 136–154. **Neuberger,** Julia, Sterbende unterschiedlicher Glaubensrichtungen pflegen, Bern 2009. **Noth,** Isabelle (Hg.), Palliative und Spiritual Care. Aktuelle Perspektiven in Medizin und Theologie, Zürich 2014 (im Druck). **Pargament,** Kenneth I., The Psychology of Religion and Religious Coping. Theory, Research, Practice, New York 1997. **Piper,** Hans-Christoph, Gespräche mit Sterbenden, Göttingen ⁴1990. **Renz,** Monika, Zeugnisse Sterbender. Todesnähe als Wandlung und letzte Reifung. Mit Ideenkarteien für Betreuer und Angehörige sowie den 10 häufigsten Fragen zum Thema, Paderborn 2008. **Riedel-Pfäfflin,** Ursula / Strecker, Julia, Flügel für alle. Feministische Seelsorge und Beratung. Konzeptionen – Methoden – Biographien, Münster 2011. **Roser,** Traugott, Spiritual Care. Ethische, organisationale und spirituelle Aspekte der Krankenhausseelsorge. Ein praktisch-theologischer Zugang, Stuttgart u. a. 2007. **Saunders,** Cicely M., Sterben und Leben, Spiritualität in der Palliative Care, Zürich 2009. **Schärer-Santschi,** Erika (Hg.), Trauernde Menschen in Palliative Care und Pflege begleiten, Bern 2012. **Schmied,** Gerhard, Sterben und Trauern in der modernen Gesellschaft, Opladen 1985. **Städtler-Mach,** Barbara, Kinderseelsorge. Seelsorge mit Kindern und ihre pastoralpsychologische Bedeutung (Arbeiten zur Pastoraltheologie 43), Göttingen 2004. **Stevenson-Moessner,** Jeanne / Snorton, Teresa (Hg.), Women Out of Order. Risking Change and Creating Care in a Multicultural World, Minneapolis / MN 2010. **Weiher,** Erhard, Das Geheimnis des Lebens berühren. Spiritualität bei Krankheit, Sterben, Tod, Stuttgart ²2009. **Weiß,** Helmut / Federschmidt, Karl / Temme, Klaus, Handbuch interreligiöse Seelsorge (Neukirchener Theologie), Neukirchen-Vluyn 2010. **Winter-Pfändler,** Urs, Gesellschaftliche Veränderungen und Palliative Care. Herausforderungen für Kirchen und Seelsorge: Schweizerische Kirchenzeitung 5 (2011), 75–78. **Worbs,** Frank (Hg.), Ganz Mensch bis zum Tod. Beiträge zum Umgang mit Sterben und Tod in der modernen Gesellschaft (Theologisch-ekklesiologische Beiträge Aargau), Zürich 2009. **Znoj,** Hansjörg / Morgenthaler, Christoph / Zwingmann, Christian, Mehr als nur bewältigen? Religiosität, Stressreaktion und Coping bei elterlicher Depressivität nach dem Verlust eines Kindes, in: Christian Zwingmann / Helfried Moosbrugger (Hg.), Religiosität. Messverfahren und Studien zur Gesundheit und Lebensbewältigung (Neue Beiträge zur Religionspsychologie), Münster u. a. 2004, 277–297.

Die Autorinnen und der Autor

Angela Berlis,
Prof. Dr., *1962, ist Professorin für Geschichte des Altkatholizismus und Allgemeine Kirchengeschichte sowie Co-Leiterin des Kompetenzzentrums Liturgik an der Theologischen Fakultät der Universität Bern.
angela.berlis@theol.unibe.ch

Cristina Betz,
*1984, ist Assistentin für Systematische Theologie / Dogmatik an der Theologischen Fakultät der Universität Bern.
cristina.betz@theol.unibe.ch

Magdalene L. Frettlöh,
Prof. Dr., *1959, ist Professorin für Systematische Theologie / Dogmatik, Religionsphilosophie und Religionstheologie an der Theologischen Fakultät der Universität Bern.
magdalene.frettloeh@theol.unibe.ch

Andreas Kessler,
Dr., *1967, ist Dozent für Religionspädagogik an der Theologischen Fakultät der Universität Bern.
andreas.kessler@theol.unibe.ch

Isabelle Noth,
Prof. Dr., *1967, ist Professorin für Seelsorge, Religionspsychologie und Religionspädagogik an der Theologischen Fakultät der Universität Bern.
isabelle.noth@theol.unibe.ch

Silvia Schroer,
Prof. Dr., *1958, ist Professorin für Altes Testament und Biblische Umwelt an der Theologischen Fakultät der Universität Bern.
silvia.schroer@theol.unibe.ch